中
史 国
话

社会风俗系列

收藏史话

A Brief History of
Collection Hobby in China

李雪梅 / 著

社会科学文献出版社
SOCIAL SCIENCES ACADEMIC PRESS (CHINA)

图书在版编目（CIP）数据

收藏史话 / 李雪梅著. —北京：社会科学文献出版社，2012.1
（中国史话）
ISBN 978 – 7 – 5097 – 3029 – 4

Ⅰ.①收… Ⅱ.①李… Ⅲ.①收藏 – 历史 – 中国
Ⅳ.①G894

中国版本图书馆 CIP 数据核字（2011）第 271494 号

"十二五"国家重点出版规划项目

中国史话·社会风俗系列

收藏史话

著　　者 / 李雪梅

出 版 人 / 谢寿光
出 版 者 / 社会科学文献出版社
地　　址 / 北京市西城区北三环中路甲 29 号院 3 号楼华龙大厦
邮政编码 / 100029

责任部门 / 人文科学图书事业部 （010）59367215
电子信箱 / renwen@ ssap. cn
责任编辑 / 范明礼
责任校对 / 刘光迹
责任印制 / 岳　阳
总 经 销 / 社会科学文献出版社发行部
　　　　　（010）59367081　59367089
读者服务 / 读者服务中心 （010）59367028

印　　装 / 北京画中画印刷有限公司
开　　本 / 889mm×1194mm　1/32　印张 / 5.5
版　　次 / 2012 年 1 月第 1 版　　字数 / 108 千字
印　　次 / 2012 年 1 月第 1 次印刷
书　　号 / ISBN 978 – 7 – 5097 – 3029 – 4
定　　价 / 15.00 元

总　序

　　中国是一个有着悠久文化历史的古老国度，从传说中的三皇五帝到中华人民共和国的建立，生活在这片土地上的人们从来都没有停止过探寻、创造的脚步。长沙马王堆出土的轻若烟雾、薄如蝉翼的素纱衣向世人昭示着古人在丝绸纺织、制作方面所达到的高度；敦煌莫高窟近五百个洞窟中的两千多尊彩塑雕像和大量的彩绘壁画又向世人显示了古人在雕塑和绘画方面所取得的成绩；还有青铜器、唐三彩、园林建筑、宫殿建筑，以及书法、诗歌、茶道、中医等物质与非物质文化遗产，它们无不向世人展示了中华五千年文化的灿烂与辉煌，展示了中国这一古老国度的魅力与绚烂。这是一份宝贵的遗产，值得我们每一位炎黄子孙珍视。

　　历史不会永远眷顾任何一个民族或一个国家，当世界进入近代之时，曾经一千多年雄踞世界发展高峰的古老中国，从巅峰跌落。1840 年鸦片战争的炮声打破了清帝国"天朝上国"的迷梦，从此中国沦为被列强宰割的羔羊。一个个不平等条约的签订，不仅使中国大量的白银外流，更使中国的领土一步步被列强侵占，国库亏空，民不聊生。东方古国曾经拥有的辉煌，也随着西方列强坚船利炮的轰击而烟消云散，中国一步步堕入了半殖民地的深渊。不甘屈服的中国人民也由此开始了救国救民、富国图强的抗争之路。从洋务运动到维新变法，从太平天国到辛亥革命，从五四运动到中国共产党领导的新民主主义革命，中国人民屡败屡战，终于认识到了"只有社会主义才能救中国，只有社会主义才能发展中国"这一道理。中国共产党领导中国人民推倒三座大山，建立了新中国，从此饱受屈辱与蹂躏的中国人民站起来了。古老的中国焕发出新的生机与活力，摆脱了任人宰割与欺侮的历史，屹立于世界民族之林。每一位中华儿女应当了解中华民族数千年的文明史，也应当牢记鸦片战争以来一百多年民族屈辱的历史。

当我们步入全球化大潮的 21 世纪，信息技术革命迅猛发展，地区之间的交流壁垒被互联网之类的新兴交流工具所打破，世界的多元性展示在世人面前。世界上任何一个区域都不可避免地存在着两种以上文化的交汇与碰撞，但不可否认的是，近些年来，随着市场经济的大潮，西方文化扑面而来，有些人唯西方为时尚，把民族的传统丢在一边。大批年轻人甚至比西方人还热衷于圣诞节、情人节与洋快餐，对我国各民族的重大节日以及中国历史的基本知识却茫然无知，这是中华民族实现复兴大业中的重大忧患。

中国之所以为中国，中华民族之所以历数千年而不分离，根基就在于五千年来一脉相传的中华文明。如果丢弃了千百年来一脉相承的文化，任凭外来文化随意浸染，很难设想13亿中国人到哪里去寻找民族向心力和凝聚力。在推进社会主义现代化、实现民族复兴的伟大事业中，大力弘扬优秀的中华民族文化和民族精神，弘扬中华文化的爱国主义传统和民族自尊意识，在建设中国特色社会主义的进程中，构建具有中国特色的文化价值体系，光大中华民族的优秀传统文化是一件任重而道远的事业。

当前，我国进入了经济体制深刻变革、社会结构深刻变动、利益格局深刻调整、思想观念深刻变化的新的历史时期。面对新的历史任务和来自各方的新挑战，全党和全国人民都需要学习和把握社会主义核心价值体系，进一步形成全社会共同的理想信念和道德规范，打牢全党全国各族人民团结奋斗的思想道德基础，形成全民族奋发向上的精神力量，这是我们建设社会主义和谐社会的思想保证。中国社会科学院作为国家社会科学研究的机构，有责任为此作出贡献。我们在编写出版《中华文明史话》与《百年中国史话》的基础上，组织院内外各研究领域的专家，融合近年来的最新研究，编辑出版大型历史知识系列丛书——《中国史话》，其目的就在于为广大人民群众尤其是青少年提供一套较为完整、准确地介绍中国历史和传统文化的普及类系列丛书，从而使生活在信息时代的人们尤其是青少年能够了解自己祖先的历史，在东西南北文化的交流中由知己到知彼，善于取人之长补己之短，在中国与世界各国愈来愈深的文化交融中，保持自己的本色与特色，将中华民族自强不息、厚德载物的精神永远发扬下去。

《中国史话》系列丛书首批计 200 种，每种 10 万字左右，主要从政治、经济、文化、军事、哲学、艺术、科技、饮食、服饰、交通、建筑等各个方面介绍了从古至今数千年来中华文明发展和变迁的历史。这些历史不仅展现了中华五千年文化的辉煌，展现了先民的智慧与创造精神，而且展现了中国人民的不屈与抗争精神。我们衷心地希望这套普及历史知识的丛书对广大人民群众进一步了解中华民族的优秀文化传统，增强民族自尊心和自豪感发挥应有的作用，鼓舞广大人民群众特别是新一代的劳动者和建设者在建设中国特色社会主义的道路上不断阔步前进，为我们祖国美好的未来贡献更大的力量。

陈奎元

2011 年 4 月

目　录

引　言

　　收藏是人类特有的有意识的活动，是人类对一切可以收藏并具有保存价值的物品进行搜集、保存、欣赏、利用、研究及流通的一种文化活动。五千年来，中华民族积累了一笔厚重丰富的物质和精神财富，收藏文化便是其中重要的一部分。

　　收藏的兴起和发展同人类社会的发展和进步紧密相连。人类社会的每一个历史阶段都有与之相适应的收藏行为，也即在每一个历史阶段中，收藏有着不同的含义和特征。而人类早期收藏与人类进入阶级社会中的收藏有显著不同。在人类进入文明社会后，随着社会的发展和进步，收藏与人类社会生活的方方面面结合得更加紧密。它不仅受战争等政治因素的影响，同时也受宗教等文化因素以及丧葬等社会风俗的左右。然而这种影响和作用历来都是双向的，致使历代收藏所蕴涵的社会文化信息极为丰富。在中国收藏发展史上，无论是高居世人之上的君主，还是柔肠侠骨的文人雅士，都对中国传统收藏文化的形成和发展起到了不可低估的作用。

中国收藏历史悠久，内容丰富，史料繁杂，而有心研究者却不多。作者仅想通过对中国收藏发展史上的几个层面的介绍，引发读者对收藏和收藏文化的兴趣，并参与到收藏及收藏研究的队伍中来。

一 收藏、收藏家与收藏学

⚡ 什么是收藏

（1）收藏的概念

收，即收获、聚集之意。藏，意为隐藏、珍藏。收藏一词有两个含义：一为收聚保存，做动词用，为一种活动。另一指收藏之物，即收藏品。旧时人们习惯称被收藏的物品为"古董"或"骨董"，均为古器物的意思；也有把收藏品称为"古玩"或"文玩"。现代多称收藏品为文物，泛指遗存在社会上或埋藏在地下的历史文化遗物，而旧时所称的古董仅为其中的一部分。现在我们所讲的"收藏品"一词含义较为广泛，除文物以外，还包括当代的字画、邮票、书报、工艺品，等等，体现出当代收藏多层次、多品种的特征。

收藏界也有称收藏为集藏的，但严格讲两者是有区别的。"收藏"一般指从外面收来后藏起来；"集藏"一般指自己生产后藏起来，例如将自己创作的绘画、刺绣、雕刻、摄影等作品藏起来欣赏或展览等。这种词义上的差别是上海收藏界首先提倡并使用的。

广义的收藏可包括"集藏"。

（2）收藏的起因

收藏是一种历史集存和文化投资，也是人类对文明的一种癖好和追求。支配收藏的各种动机和价值观念是日趋复杂和多样的社会存在的反映，并受科学技术和生产力发展水平的制约。人类的收藏活动是多方面的，它既是人类认识自己和客观世界的一种特殊手段，也是人类文化积累的一个重要方面。文化的发展为收藏活动创造了条件，收藏活动又促进了文化的积累，可见收藏与人类文明的发展有密切关系。综观人类自古至今的收藏活动，可分析出收藏大概产生于如下的原因。

原始信仰和宗教的原因　巫术是利用虚构的"超自然的力量"来实现某种愿望的法术，是原始社会宗教信仰的一种表现形式。人类早期的收藏行为与巫术文化有很大关系，这与原始人的心理活动及其对世界的认识水平是分不开的。在图腾崇拜中，原始人相信每个民族都与某种动物、植物或无生物有着亲属或其他特殊关系，此物（多为动物）即成为该民族的图腾——保护者和象征（如熊、狼、鹿、鹰等）。原始人对本民族的图腾物种常加以特殊爱护，有时也举行一定的宗教仪式。原始人的绘画、文身甚至所带佩饰，都与其图腾观念有关。在祖先崇拜初期，生者为表示对同族死者的关怀和追念，常在其墓中放置简单的工具、武器、食物等。在生产力极其低下的原始社会，人们还无法控制自然的力量，幻想以祈祷、祭献或巫

4

术来影响主宰自然界的神灵，并逐渐形成了原始的宗教仪式。从史前社会的各种收藏遗迹及有关历史记载中，都能反映与原始信仰有关的收藏，如象征着具有繁殖能力的男女生殖器雕塑，各种祭器，图腾相同的日常用具及其住所、墓地的装饰等。甚至可以说，自然崇拜、万物有灵、图腾崇拜及巫术文化是原始社会收藏活动的直接动力。许多动物、植物和矿物标本或图像被作为崇拜的对象被收集和保存下来。

在宗教出现后，宗教活动的内容和仪式更加多样化，无论基督教、伊斯兰教、佛教，还是其他宗教，凡与该宗教活动有关的各种物品都成为收集和保存的对象。神像、佛像，教主的尸骨、遗物，以及与宗教活动有关的器皿、用具、艺术品、教徒奉献等，被神庙、寺院、修道院、教堂等广泛收藏。如古希腊的许多艺术收藏是通过宗教的途径形成的，即收集人们向神庙的奉献物。神庙相当细致地把收集来的捐献物编入财产目录，并对它们采取积极的保护措施。中世纪由于僧侣垄断了文化和教育，教会便行使起搜集古物、标本的职能，以至当时许多有名的寺院都成了藏品丰富的"博物院"。伊斯兰教、佛教也毫不例外地对文化财产的收藏和保存作出了很大贡献。因为很多宗教的教义中都明确要求教徒为神主做出奉献，以求来世的平安。穆斯林教徒在朝觐期间需贡献出他们制作的精致物品，其中不乏精美的艺术之作，这些贡献都被尊为神圣的遗物而收藏。

实用的原因　人类最初的收藏与贮存是分不开的。

人类的采集、种植和狩猎、饲养活动是早期人类为生存而斗争的重要内容。在人类过上定居生活以后，储藏物品更成为其生存所必需的行为。食物、工具、用品等因为与人类生活密切相关，而被人们广为收集。这些物品最大的特点即是具有实用性。贮存食物以防饥寒，武器用以防身，工具可以满足人们的劳动和生活需要，等等。从人类产生至今，实用性的收藏一直不曾中断。从古代所使用的日用陶器、兵器，历代的藏书，至当代的集邮，其中除了人们的审美原因、经济原因以外，实用的因素也起着重要的作用。虽然历来的收藏学研究都不太重视实用性的收藏，但当代许多的收藏都体现了实用性的特点。王安坚收藏的钟表每件都能运行自如，准确计时；外国人收藏的坦克、飞机、军服，除了可供自己使用外，还可以大量出租。广义地讲，每一件藏品都具有某种实用意义，甚至人们所废弃的物品，其中仍包含着实用价值。可见实用的原因在收藏的起因中占有重要位置。

审美的原因　爱美之心人皆有之。人们对大自然和人类本身的不断创造，反映了人们对美的追求。人们善于把美贯穿到生活的一切领域。在史前文化遗迹中，发现了大量的装饰品，如穿孔的贝壳，磨制的钻孔石珠等。各种原始信仰及宗教文化中也渗透着审美意识。在日常用品和工具上，也无不体现着人们对美的追求。由于审美的需求而收藏往往同其他几种收藏的起因混杂在一起，直至艺术品的生产专业化和商品化后，艺术品的收藏才有了相对的独立性。收藏可陶冶情操、赏心悦目的功能就具有审美的意义。审美与收藏的起因有着不可分割的联系。

经济的原因　因经济原因而收藏在人类的收藏史中扮演着重要的角色，尤其在私有财产和贸易活动出现以后，收藏成为经济积累、保值和增值的重要手段。金钱、珍宝、精美手工艺品的收藏成为财富的代名词。现代社会更重视收藏的保值和增值作用，通货膨胀、社会动乱进一步促使这一观念的增强。货币可以贬值，而珍贵的收藏品的价值却与日俱增。它的不可再生性和所浓缩的巨额价值，使不少人视收藏为一种重要的投资，这种投资常常能赚取远远高于股票债券的丰厚收益。在集邮及收藏报章杂志等大众收藏项目中，不少收藏者也抱着存物比存钱保值或等待日后发财的想法。收藏的经济性原因促发了不少消极性行为，如收藏品的造伪、偷盗和走私等，但我们不能由此而否认或忽视经济的原因在过去及未来很长一段时间内对收藏发展的有益影响。

归属的原因　归属的原因既可以表现为对群体忠诚的收藏，如保存亲戚朋友的纪念物品或代表本民族习俗和文化传统的器物、建筑及艺术品，也可表现为显示社会地位和社会声望的收藏，后者也是旨在归为某一类群体。在分阶层的社会里，财富和权力是社会地位和社会声望的基础，人们往往为了附庸风雅或炫耀家族的显赫地位进行收藏。拥有珠宝玉器、金银首饰、奇花异草、珍禽怪兽以至旧抄本，不仅是富有的象征，而且也是身份、地位和修养的标志。派克德曾说:"那些处心积虑想要提高并炫耀其社会地位的人,都很喜欢收集一些手工艺的精制品,来作为家庭的装饰……上等阶层的家庭展示着人工吹制的玻璃器皿,就是有这种目的。……家庭里如果有一间够大又充实的图书室,就显示他有知识上的造诣与富裕的经济。"此话说得不无道理。

科学的原因 人类文明的发展过程,是对自身奥秘进行探索的过程,也是不断满足其好奇心的过程。在生产活动中,人们需要不断地增加对自然、社会和人类本身的了解,由此而产生强大的求知欲。对缺乏可靠证据的论断的怀疑,对未曾料想到的现象表现出惊奇,对尚不理解的问题的探索,都是强烈求知欲的表现。古代哲学家柏拉图和亚里士多德都说过:"哲学的起源乃是惊奇。"为了解释惊奇,人类进行了大量的科学探索。以探索自然规律为目的的藏品收集活动,一般说来具有较多的学术价值,为科学的原因而收藏为人类的文明进步作出了巨大贡献。

在人类收藏活动的诸种起因中,每种起因都不是完全独立的,而往往是相互结合共同发生作用的。我们既不能过分突出其中一个或几个原因,也不能忽视其他原因所起的作用。每一种起因在人类收藏活动的不同发展阶段所起的作用不完全相同,在不同的国家、民族或地区也不尽一致,只有以联系、发展的观点,全面、科学地分析某类收藏的起因,才能得出正确的答案。

(3) 收藏的特性

收藏是人类古老、悠久的文化活动,在其漫长的历史发展过程中，为人类社会的日益进化、文明而展现出色彩斑斓的光华。在收藏活动的历史演进中，人们也逐渐认识和熟悉了它的特性。

收藏具有群体性、差异性、民族性、融合性和传承性等特色。

收藏的群体性　收藏的群体性表现为不同的社会群体有不同的收藏要求，其看待收藏的价值标准也不同。收藏活动虽是以个体的形式进行的，但它从产生时起即具有社会化的特征。收藏在其历史发展的各个阶段都能表现出群体性的特征。在古代，收藏是王者贵族和文人雅士的专利，他们偏重于收藏各种珍奇异物和古董文玩，这些均是平民百姓所无法问津的。时至当代，收藏者虽然遍及各个层次和年龄阶段，但仍然会显示出群体性的特征：集邮者中，青少年占了很大比重；集报纸、火花、烟标、门券者中，工人和教师较多；收藏书法、绘画作品者中，多为书法、绘画的爱好者，等等。不同的收藏群体对收藏的价值取向也不同。如为附庸风雅而收藏者，以藏品的价值或有名望为贵，用以装点门面；从事研究者的收藏多是系统性地进行，并与研究项目结合起来。

某些收藏群体有时也会出现门户之见。如收藏古玩的对火花、烟标不屑一顾，收藏名石者认为收藏奇石为低档次。当然，如果从藏品的经济价值来衡量，肯定还有价格高低之分。但如果从收藏的文化、历史价值来看，任何收藏品都具有同等的价值。

收藏的差异性　虽然在某些收藏活动中能表现出

明显的群体性特征，但有些收藏活动则不尽然。收藏的差异性反映出收藏者不同的个性、爱好，也是体现个人社会价值的一种手段。他们通过收藏而淋漓尽致地展现了自己独特的个性。如"石迷"米万钟沉醉于弄石，钱化佛的"骆驼"收藏，牛得草的牛画、牛玉雕、牛木雕、牛泥塑等收藏，以及京剧表演艺术家盖叫天的罗汉像收藏。正是由于人的兴趣、爱好不同，其工作性质和经济能力的差异，使收藏，尤其是现代收藏，展示出纷繁的异彩。

收藏的民族性 收藏的民族性意为不同的民族有不同的收藏嗜好。中国人以金石字画收藏最为普及，古日耳曼人对各种雕像充满偏爱，美国人对各种古物满怀敬意，英国人在当代世界性收藏热中，对古瓶、旧车牌、啤酒杯垫等的收藏独领风骚。每个民族都有其自己的收藏传统，并因此而保存了不同的民族文化和习俗。收藏的民族性由各个民族的历史文化发展及其特性所决定。

收藏的融合性 收藏的融合性指不同的民族、群体虽然有不同的收藏特点，但相互不是完全排斥的，而是具有相互融合的发展趋势。如集邮从西方传入中国，从商人、学者群体而走向整个社会。随着交通、通讯的发达，世界相对来说愈来愈小，为不同民族、群体之间的交流提供了极为便利的条件。在当代，收藏热已遍及整个世界，收藏品也日益受到世界收藏市场的左右。一些原本为某一国家、民族所独有的收藏也逐渐走向世界而拥有更多的爱好者。同时，收藏者的眼光也更为广阔，不仅仅局限于收藏本国家、本民族的藏品，而且还注意收藏相邻国家的藏品，以详细研究其藏品的发展、演变历史。收藏的融合性促进了各个国家、民族间的友好往来，同时也符合收藏文化的发展趋势。

收藏的传承性　收藏是艺术乃至全部文化得以传承、拓展和丰富的重要渊源。收藏者往往视藏品为其心血之结晶，极为珍爱。收藏者一般在生前即安排死后对藏品的处理方法：或令子孙永保之，不得遗散；或出售、转让；或捐赠于社会。通过收藏品的传承，使现代人有幸能看到几百年、几千年甚至上万年以前的人类文明的结晶，使我们借此幻想古代人的生活情趣。为了后代也能目睹古人和今人的各种实物，我们更应重视收藏的广泛性和全面性。收藏的传承性已受到不少人的重视。1938 年 9 月 23 日，美国威斯汀豪斯为纪念在纽约召开的世界博览会，特挑选了一批能反映当时美国和世界发展面貌的代表性物品，如塑料、金属、植物种子、化妆品、书报、照片、爱因斯坦"相对论"的论文及罗斯福总统的演说新闻纪录影片等，封存在特制金属容器内埋入地下，以求长期保存，并注明发掘启封时间是公元6939 年。1965 年 10 月 16 日，该公司又埋下了 2 号容器，其发掘时间也是公元 6939 年。这些被埋藏的各种现代物品，在 5000 年后将成为珍贵的文物。历史就是通过收藏而被人们所认识的。

当然收藏的诸种特性是相互联系、相互作用的，每一种收藏都是多种特性并存的。

（4）收藏的功能和作用

收藏是人类保存和发展文化的一种活动　春华秋实，秋收冬藏，自古皆然。原始人的狩猎和采集，其中就包含着收藏。纵观我国岁时节令的许多节俗，其中有不少是关于收藏的习俗。如正月二十五填仓，是农历正月最后的一个节日。填仓即填满谷仓。每当这天清晨，妇女们用簸箕盛了筛细的小灰，在门前用棍棒敲打，撒成一个个圆圆的囤形粮仓，有的还镶以花边、吉庆的字迹和上囤梯子的图形，并在囤中撒以五谷，象征五谷丰登。在一些少数民族中，至今还保留着丰收之后进行收藏的种种仪式和禁忌的习俗。书籍、档案等各种文献资料的收藏，可使人从中了解历史，汲取知识；各种实物的收藏，则组成一个立体的历史画廊，使人的思绪飘向远古。我们现代所拥有的古迹和珍贵文物，我们所具有的各种文明生活方式，以及对未来社会的憧憬，都离不开收藏这一人类古老的文化活动。

收藏是文化式的休息、知识型的娱乐　古今中外许多文人骚客、雅士学者都收藏有成。宋代著名女词人李清照和她的丈夫赵明诚是著名的金石书画收藏家。赵明诚写过一部记录他们收藏的金石刻辞的书《金石录》。李清照在吟诗之余，为丈夫的著作写了一篇《金石录后序》，一向被人看重，称它"叙致错综，笔墨疏秀，萧然出町之外"。鲁迅的收藏嗜好也很广，木刻、版画等美术作品以及金石拓本、汉代画像、六朝造像等均在收藏之列。鲁迅在为文之余，还选编出版了英国、德国、苏联及中国现代版画家、木刻家的作品选集，并且亲自为其作序或小引。不少著名的表演艺术家同时又是书画作品的收藏家，其中有些人自己就兼善书道和丹青。著名京剧艺术大师梅兰芳和著名电影艺术家赵丹的书画，就颇为海内外人士所喜爱和称道。著名京剧艺术家张君秋先生曾经说过："不能唱戏，不是戏曲艺术家；只能唱戏，也不是戏曲艺术家。"可见他们的收藏不仅仅是单纯的业余消遣，而被视为"第二职业"，与主业相辅相成，交相辉映。有些人的收藏则与其所从事的职业不相关，但也能体现收藏的文化式休息和知识型娱乐的功能。沈钧儒是一位著名律师，他所酷爱的收藏品是各式石头，而且走到哪把它带到哪。一次沈老先生飞返上海时，警察发现他的木箱异常沉重，断定里面是金银珠宝，打开一看不禁大失所望，尽是石头。

文化式的休息不但表现在赏玩自己珍藏的时候会感到赏心悦目，心旷神怡，而且每当搜集到一件精妙之品或新品种时，一种欣然陶醉、自得其乐之情就会油然而生，搜寻它所付出的种种辛劳也会悄然消散。收藏作为一种业余爱好在本质上为一种娱乐活动，其娱乐的特点是自娱而非他娱。这种自娱性的活动除了趣味性以外，还有着浓厚的知识性。各类收藏活动均可以增长博物知识，凡是有心的收藏者均能体会到这一点。

玩物明志，收藏成才 玩物丧志意指沉迷于玩乐的事物，使人丧失进取的精神。它最早出于《尚书》。

一　收藏、收藏家与收藏学

13

《尚书·旅獒》言："玩人丧德，玩物丧志。"历来都有一些人认为搞收藏的人难免玩物丧志，并举出很多实例大加引证。其实收藏作为一项活动，其有益还是有害并不决定于活动的本身，更主要地取决于参与者的价值定向和自控能力。如果收藏者有正确的价值定向并能较好地控制自己的行为，他不仅不会玩物丧志，反而会玩物长志，收藏成才。古往今来的许多收藏者往往把藏品和他一生的追求紧密联系，使藏品对其产生一种激励和鞭策作用。明代著名散文家张岱家藏许多墨砚，每方砚台上均刻着他自拟的铭文，用来昭示人格，表明志趣。他还为弟弟的藏品写过铭文。他在一块白瑛石上写道："决不似玉，我自落落。"意为：我尽管不是一块美玉，但我却是一块光明磊落的石头。上海著名书画家钱化佛对兽类中的骆驼最为佩服与崇仰，他的"百驼集藏"就意在鼓舞自己在漫长的人生旅途中，以骆驼的品格和精神为榜样。

收藏黄浦江水样的韩伊翔在浦江源头水样瓶的标签上抄下了孔子的语录："逝者如斯夫，不舍昼夜。"以此勉励自己珍惜时光，不断进取。收藏不仅能够明志，还可以延续文明、增长学识，同时也是人们成才的"催化剂"。从人才学的角度看，收藏之路是自学之路，成才之路。因为要搞好收藏，必须具备一定的知识素养。收藏出人才已被许多活生生的事例所证实。清末名著《老残游记》的作者刘鹗嗜好收藏，书画碑帖、钟鼎彝器、秦砖汉瓦、印章石刻、古代乐器等，无不收罗。他甚至不惜重金收集了5000多片甲骨，整理出版了《铁云藏龟》一书，成为我国专门著录甲骨文的最早著作之一。

收藏的补偿和代偿作用　收藏的补偿性可起到对收藏者的性格差异进行修正或对心理缺陷进行修补的作用。每个人的性格特征和心理结构都是不同的，都可能有弱点和缺陷，其中既有先天遗传的原因，也有后天环境因素的影响。而人类潜藏于生命中的认同意识常常强迫自己去修正这种性格的差异，弥补心理的缺陷，以求得精神世界的平衡。如生性怯懦的人可以通过收藏象征强者力量的物品，而补偿其性格和心理上的缺陷。也有一些收藏者，通过收藏而使一些憾事得到补偿。收藏的代偿性指用藏品来代替偿还自己意念中不可为的语言、行动，以排解内心的孤独、压抑或思念，从而求得心理上的平衡。在日寇侵占上海时，收藏家钱化佛满腔的愤怒和苦闷无处发泄，于是，他利用自己收藏的火花，挑选、拼贴出一本象征性极强的画册，以发泄心中的压抑之情。从首页的日寇企图灭我中华不过是他们的"如意算盘"，到最后预示着中国人民必胜的"胜利牌"、"永安牌"、"博爱牌"。钱化佛的这部"抗战始末史"在亲朋好友中传阅，大大鼓舞了人们的精神，他也因而感到非常振奋。还有某些人从小便有各种志向或愿望，由于种种原因没能实现，便通过收藏行为来平衡自己的心态。另外，通过收藏还能唤起人们对往事的思念和回忆。一抔故乡的土，一件母亲的遗物，一张情人的照片或信物，一份请柬，一本纪念册……当你拥有它们，你便拥有乡情、恋情和友情。还有人认为，收藏者在整理欣赏藏品时要全神贯注、精力集中，因而起到调节神经、裨益健康的作用，其原理类似我国的气功疗法。

收藏的功能和作用还有很多。叶永烈在《业余新浪潮——收藏热》一书中总结收藏有六大好处，即给人以乐趣，给人以知识，培养毅力和事业心，养成条理化的工作习惯，训练社会交往能力，利国利民。

②　收藏家的标准

"家"指经营某种行业，掌握某种专门知识、技能或从事某种专门活动的人。仅依据"家"字本身的含义，收藏家即非指一般的收藏爱好者。一般说来，收藏家应达到以下标准。

（1）拥有一定数量或珍贵的收藏品。这是一个收藏家应当具备的基本条件之一。到底拥有多少数量的收藏品才能达到收藏家的水平，不同的收藏品类要求是不同的。比如邮票、商标、票券类等大众性的收藏品，其数量要求较大。世界业余收藏家协会中的烟标分会规定，收藏品在5万种以上的收藏家方可成为该会的正式会员。而对某些收藏品来说，则很难收集到上万件或上千件。因此，确定藏品数量的标准应根据收集的难易程度而定。当然，藏品的数量不是衡量收藏家的绝对标准，还应看藏品本身的价值，藏品极其珍贵、难得，也足以抵偿其藏品数量不足之缺憾。

（2）具有一定的鉴别能力。郑逸梅在《人物与集藏》一书前言中指出，收藏必须有两个基本条件：一是有资历，二是有鉴赏力，缺一不可。鉴赏能力对文物古籍收藏家尤为重要。很多收藏家以其出色的鉴赏能力而声名远扬，甚至一些人购买收藏品时要求必须有这些收藏家、鉴赏家的鉴别印章。鉴别是一门比较艰深的学问，需要在长期的收藏实践中不断摸索、学习和总结，具备与本类收藏品相关的各种知识。

（3）对收藏品进行深入研究或利用。收藏家应当具备较高的文化素养，并能对自己的藏品进行充分研究或利用。只有把收藏品当做研究资料，深入分析，寻找规律，有所总结或发现时，才能成为高级型或成才型的收藏家。如古代家具收藏家王世襄通过自身的收藏和研究，编著出《明式家具珍赏》一书。有些收藏家不仅对收藏品进行系统研究，还善于对收藏品进行大胆创新以保存和发展中国的传统文化。如戏装收藏家包畹蓉幼嗜京戏，在他的"舞台梦"破灭后，便把自己对京戏的一腔热忱转向对戏装的研究、制作和收藏上。他的收藏方式与众不同，他要在藏品上实现自己对戏装改革的理想。经过不断努力，终于创造出杨贵妃穿的女蟒、"霍小玉"系列、"霸王别姬"系列、"天女散花"系列等富有新意的戏装精品。

（4）有一定的资历。收藏家在同类收藏者中具有一定的地位，并有较长的收藏经历，为收藏者所尊崇或认可。

除上述标准外，收藏家还应具备对自身收藏领域专门而又广博的知识，熟悉该项收藏的历史与现状，精通藏品的整理、保管方法等。除了收藏家之外，还有收藏活动家和收藏研究专家。尽管他们自己不收藏或收藏成绩不是很突出，但他们却为收藏活动的普及、发展和提高作出了贡献。

3 收藏学的内容

收藏学的研究对象

收藏学的研究对象与收藏活动密切相关。收藏学是一门综合性和边缘性学科，其涉及面非常广。它涉及目录学、版本学、校勘学、金石学、文字学、音韵学、训诂学、博物馆学、图书学、档案学、文物学、考古学、历史学以及有关各门社会科学和自然科学。收藏学的理论和实践由来已久，并有着异常丰富的内容，但多半掺杂在以上各学科之中，至今仍没有形成界说明确，有特定的理论体系、具体内容和研究方法的一门独立学科。我们认为，中国的收藏学的主要研究对象应包括：

（1）收藏学的分类和体系，性质和特点，以及它与社会经济基础和其他上层建筑的关系。

（2）收藏和收藏学的发展史，探索人类收藏活动的起因，收藏在不同社会发展阶段的性质、作用、特点及其发展规律。

（3）收藏主体，包括收藏家的标准、品格及收藏的数量，收藏组织的成立与活动。

（4）收藏客体，研究藏品的确定、收集、登记、整理、鉴别、品评、研究、保存、宣传等各项工作的原则、科学方法及其相互之间的关系。

（5）收藏在经济、社会、文化、艺术等方面所起的作用及收藏活动与国家政策、法律的关系。

有人根据收藏学的诸多研究对象而将收藏学分为"软收藏学"和"硬收藏学"。"硬收藏学"主要指收藏的技术和方法，而其他多属"软收藏学"的范围。

收藏学的概念和研究方法

根据对收藏学研究对象的分析，我们可对收藏学下如下定义，即收藏学是研究和探索收藏现象及其发展规律的学科。

收藏现象包括从人类最初始的收藏行为至人类社会消亡时所存在的各种收藏活动。甚至可以说，人类的收藏历史同人类的历史同步。人类最初产生收藏行为的动机（即收藏活动的起因），史前人类收藏活动与文明社会收藏活动的关系，收藏活动在不同社会形态中的发展历史、特点和作用，当代世界收藏热的产生原因及发展趋势，未来社会收藏活动的特点，收藏学与收藏活动的关系，人类的收藏心理活动，收藏的功能、价值和作用，以及如何采用科学的方法对收藏品进行确定、收集、鉴定、整理、保存、宣传等，均是收藏学应着重探索和研究的主要课题。除了以现代人文科学的理论作为指导外，还应注意应用现代科学技术的各项成果并借鉴前人的经验，同时还应注意了解世界收藏市场、收藏学研究以及各种收藏活动的发展情况，以使中国的收藏学达到甚至超过世界的水平。

收藏学体系

广义的收藏包括国家收藏和私人收藏，即"公藏"和"私藏"。国家收藏的单位，古代主要指皇室或官府机构，近现代主要有博物馆、图书馆、档案馆、资料馆等，它们均有相应的学科，如古代皇家收藏研究，近现代博物馆学、图书馆学、档案馆学及文献学等。私人收藏主要是藏书楼和私人博物馆。国家收藏和私人收藏的相同之处是均从事收藏活动。但如果严格按照主体来分，"公藏"和"私藏"还是不一样。因"公藏"多是博物馆学、图书馆学的研究对象，故狭义的收藏学仅指民间收藏学。

我们在撰写《收藏学概论》时曾设想了一个框架，这一框架也是我们所构思的收藏学体系，其中着重突出了史、论和分支学科的内容。

绪论　一、当代收藏发展状况；二、收藏事业的进步呼唤收藏学科的创立。

第一章　收藏与收藏学史　第一节　中国古代收藏史；第二节　中国近代收藏史；第三节　中国当代收藏；第四节　中国收藏研究发展述评；第五节　国外收藏概貌。

第二章　收藏学基础　第一节　收藏起因与特点；第二节　收藏主体与客体；第三节　收藏动机与心理；第四节　收藏活动与过程；第五节　收藏情趣。

第三章　收藏学原理　第一节　收藏学的概念；第二节　收藏学研究的对象和范畴；第三节　收藏学的分类和体系；第四节　收藏学研究的方法；第五节

収藏学的性质和特点；第六节　收藏学与其相关学科的关系。

第四章　收藏文化论　第一节　收藏与宗教；第二节　收藏与艺术；第三节　收藏与战争；第四节　收藏与社会经济；第五节　收藏与民俗；第六节　收藏与地域文化。

第五章　收藏价值论　第一节　收藏价值的构成；第二节　收藏价值的评估；第三节　收藏价值的实现与演变；第四节　收藏品流通与市场；第五节　收藏投资。

第六章　收藏方法论　第一节　中国传统收藏方法的继承；第二节　收藏品收集与整理；第三节　收藏品保管与修复；第四节　收藏品鉴定与赏析；第五节　收藏品展示与宣传；第六节　收藏交流与传番；第七节　现代科技在收藏方面的应用与发展。

第七章　收藏方式论　第一节　民间收藏；第二节　集合收藏；第三节　公共收藏；第四节　收藏方式比较研究；第五节　收藏机构及其研究。

第八章　收藏学分支　第一节　金石收藏学；第二节　藏书学；第三节　钱币收藏学；第四节　字画收藏学；第五节　陶瓷收藏学；第六节　集邮学；第七节　其他收藏品类研究。

结论　一、收藏与社会发展；二、收藏学与收藏发展；三、收藏学发展趋势。

当然，随着收藏活动的日益普及和发展，收藏品爱好者逐渐增多，新的收藏学分支也将不断出现，原有的收藏学分支也可出现与其他藏品融合或衰退等变异情况。

收藏学与其他学科的关系

收藏学是一门边缘性和综合性的学科，同时也是一门既古老又年轻的学科。作为一门独立的学科，它有自己的体系和研究对象，但又与其他各个学科有着极为密切的关系。

（1）与哲学的关系。哲学是关于世界观的学说，是各门具体学科的基础，收藏学也不无例外地受其指导。具有不同世界观的人也会具有相异的收藏观，对收藏活动的起源及发展等问题也有不同的认识。收藏学受世界观，尤其受生活在不同文化系统中的人的价值观制约。

（2）与历史学的关系。历史学是研究和阐述人类社会发展的具体过程及其规律性的一门学科，任何一件藏品都能一定程度地反映历史，它是一定历史文化的再现。从一定角度看，人类的历史实际上就是一部收藏史。收藏学的研究成果也将对历史学的研究和发展有所裨益，而搞收藏活动必须具备相应的历史学知识。

（3）与考古学的关系。考古学是根据实物史料研究人类社会历史的一门学科。实物史料一般指各种遗迹和遗物，大多数埋藏于地下。考古学与收藏学的关系极为密切。我国历史悠久，古代文化遗存极为丰富。除国家保存、珍藏的实物史料外，还有许多具有考古学价值的文化遗存通过不同途径散落于民间。而且考古学的分支，如古钱学、印章学、铭刻学等与收藏学中的钱币收藏、金石收藏等内容紧密相连。历史上的一些重要考古学著作，如宋代吕大临的《考古图》、王黼的《宣和博古图》、薛尚功的《历代钟鼎彝器款识法帖》、赵明诚的《金石录》、明代曹昭的《格古要论》、清朝梁诗正等编的《西清古鉴》等，也是收藏学发展史中的重要著述。此外，很多考古学家同时也是赫赫有名的收藏家。

（4）与博物馆学的关系。博物馆学是研究博物馆物质的收集、保存、解释和进一步交流、使用的学科。从博物馆学和收藏学的研究对象比较中即可看出两者相重合的部分。两者的区别在于：博物馆学主要研究国家收藏；收藏学以研究民间收藏为主。从狭义上看，两者除了收藏主体和研究的内容有差异外，客体方面的内容相似性很多，但博物馆的社会教育作用似乎更大一些。随着收藏活动的日益发展，两者相近的趋势也越来越明显。由于私人博物馆的出现和发展，收藏学也将更多地引入博物馆学理论的研究成果。

（5）与档案学的关系。档案学是结合社会实践研究档案和档案工作的理论及其历史发展规律的一门学科。收藏活动，无论是国家收藏还是民间收藏，均须建立收藏档案，故需了解档案学中的有关理论和方法。同时，档案本身也是一种收藏品，可归在文献收藏之中。

（6）与社会学的关系。社会学是把社会当做一个整体来研究的一门综合性学科。它探讨社会现象、社会关系、社会生活、社会问题等一系列有关课题。收藏活动也是社会现象的一种，我们可以借鉴社会学研究中所使用的各种方法，以调查和分析我国古代和近现代收藏学的结构、特色，预测其发展趋势。

（7）与民俗学的关系。民俗学亦称"谣俗学"，主要研究民间信仰、习俗、故事、歌谣、谚语等。由于民间收藏活动的多范围和多层次的特点，能为各种民俗的研究提供丰富的实物资料。在日趋发达的现代社会，人们更重视对传统民俗物品的收集与研究。很多民俗学研究者本身也是民俗物品的收集者。

（8）与心理学的关系。心理学是应用客观的方法研究心理现象的特点、本质、机制及其发生、发展规律的科学。收藏心理学作为心理学的一个方面，是应用客观的心理学方法研究收藏心理现象的特点、本质、机制及其发生、发展规律的一门学科，是一个亟待开发的新领域。在收藏的不同阶段，会展现迥异的收藏心理；进行同一种类收藏的人，也具有相异的心理。与收藏活动关系比较密切的有猎奇心理、鉴赏心理、变态心理、怀旧心理等。收藏心理学是收藏学与心理学有机结合的一门新兴边缘学科。

（9）与法学的关系。法学是以法律为研究对象的科学。收藏学与法学的关系比较密切，体现在两方面：一是国家有关法律、政策对民间收藏活动可起推进或局限作用；二是收藏者的法律意识、法律观念对法制的影响。我国法律对于民间收藏活动有许多具体规定。当然，我国有关私人收藏，如藏品流通、拍卖等方面的法规还有待于随着实践而不断充实和完善，以法律手段保证我国民间收藏朝着健康方向发展。

（10）与自然科学的关系。收藏学与自然科学中的物理学、化学、矿物学、岩石学等均有联系。收藏为自然科学发展史研究提供实物资料，而收藏的技术方法，如藏品的保存、修复、鉴定等则要借鉴和应用自然科学的研究成果。其他诸如对藏品进行定量、定性分析，碳十四年代测定，应用现代化的研究工具——计算机，也均离不开自然科学中的一些技术方法。

此外，收藏学与许多其他学科也有密切关系。如藏书和图书馆学、目录学不能分离，研究古器物铭文离不开古文字学、训诂学的基本知识；收藏学的新发展也同样会促进各相关学科的繁荣。随着收藏学的发展，还可能会出现许多新的边缘学科。这均与收藏学本身的特点分不开。

收藏学的特点

在分析了收藏学与其他学科的相互关系后，可总结出收藏学具有如下特点。

（1）收藏学是一门基础性学科。可以这么说，任何一门学科的形成都离不开人类的收藏活动。以人类的各种收藏活动的发展规律及其相关现象为主要研究对象的收藏学，对各个学科建立之基础的实物和文献的收集、整理、归纳、总结，将会促进各学科的建立和发展。

收藏学是一门非常古老的学科。古往今来，很多人都为其发展自觉或不自觉地作出了很多贡献。但由于长期的忽视，使收藏学一直没能像其他基础学科一样正规地建立起来，但不能由此说明收藏学中所包括的内容是不存在的。收藏学作为一门基础性学科，其体系及内容仍有待今人及后人不断挖掘、探索和完善。收藏学这一领域虽然还未被学术界广泛注意，但在实践中它确为其他学科起着奠基作用。

（2）收藏学是一门综合性学科。这一特点是由收藏活动本身的广博性决定的。宇宙中客观存在的各种物体均可以成为人们收藏的目标，因而也成为收藏学研究的客体。收藏对各学科的建立和发展起了基础的准备工作，而收藏学的发展又必须借鉴其他学科已取得的成果，以丰富收藏学自身的内容。也可以说，收藏学本身即是对人类收藏活动的内容、规律、原则的总结，将各门社会科学和自然科学及人类的各种文明成果进行收藏、研究，可使收藏学成为包容性极强的综合性学科。当然，其研究的难度也是很大的。

（3）收藏学是一门实用性强并具有创造性的学科。利用收藏学的研究方法，不仅有助于对各门学科的总结、研究，而且可以创造新的思维、新的体系和新的边缘学科。一个专深的学问家本身就是一个收藏家。他不仅自己具有丰富的知识，还善于充分利用、发挥他人的收藏成果。亚里士多德之所以博学，达尔文之所以能创造出进化论，均离不开收藏。谁能拥有对世界最多最全面的认识，他必定是一个博学家；谁对某一具体学科的知识占有最全，并结合他人所缺乏或忽视的各种实物资料，他必定会成为这一学科的专家。古今历史无不证明了这一点。在现代社会做一个又博又专的学问家或实践家均属不易，但如果能找到创新的角度，凭借所收藏的知识、实物及严谨的思维方法，完全能总结、创造出一门新学科。在收藏学领域中，还有很多内容值得人们去挖掘、探究、创新。有些事情的成功是一个人的能力所无法企及的，但是综合多人的收藏成果和创新意识，必将能构造出一部丰厚、发达的收藏史。

二　中国收藏的历史发展

　　人类收藏活动有着极其久远的历史，它伴随着人类社会文明的发展，经历了萌芽、生长和成熟几个发展阶段。在史前阶段，人类已将收藏分化为对生活必需品的贮存和为精神需要而收藏两种形态。当然，我们回顾收藏的历史发展，更多的是偏重于后者，即收藏文化的发展与演变。

　　　私人收藏源远流长

　　（1）人类最早的收藏品——装饰品。

　　人类最早的收藏是从私人收藏开始的。尽管在人类早期还没有私有财产的观念，但他们却有私人收藏品，这从考古发掘和民族学、人类学的大量研究资料中都能得到证明。如始于旧石器时代晚期的个人装饰品，那些穿孔的兽牙、石珠、骨珠、小砾石等，原始人不仅生前佩戴、收藏，甚至死后也永远拥有。这些装饰性收藏品具有的共同特性是：带有光泽，颜色明亮，形状美观。这种基于自然美而产生的收藏品，在文明社会逐渐向人工雕凿的方向发展，使装饰性收藏品日趋富丽堂皇、价格高昂，人们对贵重首饰的收藏便更加精心了。

（2）信仰上的原因为人类重视收藏的根基。

信仰上的原因与私人收藏的兴起和发展有密不可分的联系。原始宗教是原始人进行收藏的内驱力。这种精神动力在文明社会收藏活动中的功用似乎少了，但其表现却愈加鲜明和集中。原始人对图腾崇拜物品的收藏和膜拜，在文明社会中转为对各种宗教艺术品的敬奉和收藏。原始巫术在文明阶段逐渐演变为各种迷信或与之相关的风俗。与人体相关的各种物品，如发、胡须、爪、婴儿的胞衣或脐带，它们与人的身体甚至生命连在一起，故精心收藏的习俗仍在闭塞的乡村一代一代延续着。从原始人随身收藏的灵物——龟甲，到文明社会中人们随身佩戴的镇邪护身符；从原始人视为神灵的偶像，到文明社会中大规模发展的偶像崇拜；从原始社会对女性始祖、男性始祖的崇拜，到文明社会中祖先崇拜与地方乃至国家守护神崇拜的结合等等。这种信仰的长期延续和发展，不仅在历史发展的各个阶段产生了无以计数的收藏品，也使私人收藏的历史延绵不断。几乎每一个家庭，甚至每一个人，都在不知不觉中为汪洋大海似的民间收藏作出了点点滴滴的贡献。

（3）私有财产观念对私人收藏发展的刺激作用。

私有观念的产生，私有财产的积聚，加速了私人收藏的发展进程。私人收藏品是私有财产的最原始形式。氏族成员的贴身之物和他们使用的劳动工具便是他所拥有的一切。随着生产率的提高和个体劳动作用的加强，使得个人使用的财产日益增多。随之而来的是剩余产品的出现和交换的日益频繁。氏族酋长、部落首领、家族长逐渐利用自己的权力把公有财产当成私有财产进行分配。贫富差别的出现，使不同阶层的人所拥有的收藏品数量和质量有了显著差异。古代墓葬的随葬品有的多达几十件、上百件，而有的墓葬随葬品仅有兽骨 1 件或 1 只小陶杯。显著的贫富差距及其所带来的种种影响，使人们积累私产的欲望日渐强烈，而富者的收藏也日趋增多，进入阶级社会后尤其如此。拥有"智牲园"的动物"收藏家"周武王，嗜玉成癖的乾隆帝，乃至权臣和地方官吏，其珍贵收藏无以数计。和珅被处罚时，被籍没的家产中仅西洋钟表就将近 600 件，比 1860 年圆明园被烧以前的收藏还多出近 150 件。始于战国的厚葬之风，同时也使盗墓盛行并延续至今，这也从一个侧面反映了厚葬者生前丰厚的收藏。

（4）文人雅士收藏与中国收藏文化。

历代文人雅士的收藏使中国的民间收藏发展绚丽多姿，并积淀了丰厚迷人的收藏文化。先秦时的著名学者均有丰富的收藏，相传墨子藏书多达五车："惠施多方，其书五车"（《庄子·天下篇》）。后汉时，士大夫好收集书家手迹，把名家信札作为珍秘收藏起来欣赏研习。宋朝士大夫也竞相收藏，欧阳修、赵明诚、米芾等都是名重一时的收藏家。私藏之风的盛行，带动了对收藏品的鉴赏研究的发展。古代的珍奇异物在士大夫手中变为有价值的资料，使金石学研究有了极大的发展。刘敞的《先秦古器图》，欧阳修的《集古录》，赵明诚的《金石录》，吕大临的《考古图》，王黼的《宣和博古图》，均成为对收藏记录、研究的重要著述。金、元、明时，文物的收藏和研究一直没有中断。明代私人收藏以严嵩、严世蕃父子最为著名。项元汴的法书、名画、金石、瓷器等储藏之富，在文人收藏中也冠绝古人。清朝流行着收藏古物的时尚。乾嘉朴学的发展推动了金石考据的研究，涌现出众多卓有成就的文物收藏家、研究者和一大批学术价值较高的文物著述。顾炎武尽袭祖辈藏书的传统，收藏有不少古碑残碣拓本，并著有《金石文字记》、《求古录》、《石经考》等；安徽垦江人倪模极嗜收藏书册、金石、古钱，尤以藏书为富，著有《钱谱》、《古今泉略》等。这些有关收藏的著述，多以博精而著称。正如梁启超在《清代学术概论》中的评述："其所考证，多一时师友互相赏析所得，并非著者一人私言也。"这些著述，是师友间集体研讨的结果。

明清的官宦学士除了保持传统的金石书画收藏项目外，又开始了西洋奇器玩物的收藏，西洋钟表成为当时极为时髦的收藏品。随着中国的国门被西方的坚船利炮冲破，资本主义国家的收藏活动信息陆续传入中国。1849 年刊行的徐继畲《瀛环志略》首先介绍了普鲁士、西班牙、葡萄牙等国的收藏场所——集宝楼、古玩库的情况。以后陆续走出中国看世界的人，在其

"游记"、"随笔"中惟妙惟肖地记述了国外千奇百怪的收藏，以及博物馆的功能和景观。因外来影响和自身发展的需要，19世纪末20世纪初，一种崭新的收藏思想首先在士大夫阶层确立。1895年11月上海强学会成立时提出了创办图书馆、博物馆等收藏机构的宗旨，成为中国近代博物馆创立的舆论先导。

（5）近代收藏家肩负的重任。

近代以来，民间收藏古玩、字画、典籍的风气有增无减，因人们的好古癖而形成的"古玩铺"发展到鼎盛，仅北京一地就有百余家，那些遍布厂肆庙会的古玩商贩更是无以计数。此时的许多收藏家还自觉地担负起研究中国传统文化，防止珍贵收藏品外流的重任。佛学家杨文会从日本搜求到我国数百种佛教佚书，其刻经处集中收藏了全国各地所刻佛典木版多达10万余片；沈家本收集我国历代法律资料，并作系统的整理和考订；盛宣怀除了收购江标、巴陵方功惠等家旧藏外，还在日本和其他各地收购了600余种地方志、300余种医书及200余家历代状元手迹，其中不少为国内孤本；以博学著称的王懿荣书籍、字画、金石等无不收藏，1899年还首先于中药中发现甲骨文字，并大量购藏，写出我国最早研究甲骨文的著作；周叔弢以收藏宋、元、明三代经史子集善本书而名播海内，并特别重视购求流失到国外的书籍，宋椠《东观余论》、《山谷诗注》、《东家杂记》等书，均是以巨金从日本文求堂书店购回。

中国的私人收藏不仅从未中断过，而且一直在蓬勃发展。中国悠久的收藏传统在当今的收藏热中，仍展示出独特的魅力。

集合性收藏的发展

集合性收藏始于原始社会，在文明社会得到极大的发展，至现代社会则日臻完善。相对私人收藏而言，集合性收藏是无数个本收藏的集合，正是这种群体性的共同收藏，才使古代帝王的收藏蔚为大观，使国家、民族文化艺术瑰宝得以流传。

（1）集合性收藏的产生。

大量考古发掘证实，在旧石器时代晚期，原始人除了个人使用的简陋劳动工具和贴身装饰品外，在靠近人类居住地点的公用地窖里还有实物用品、装饰品和祭器。大量发现的原始艺术品，也显示了人类早期集中收藏的可能性。

每个氏族、部落都有归这一团体所共有的图腾崇拜物、灵物或偶像。甚至现在我国滇南哈尼族每个村寨门口都挂有木刀，认为这样可以保佑本氏族不受侵犯。辽宁喀左县东山嘴红山文化遗址发现了一组石砌建筑和妇女陶塑像，离此不远的牛河梁遗址群中的女神庙供奉着女神群像，这是原始人供奉女神始祖的祭坛，也是人类早期集合性收藏的场所。

集合性收藏在氏族社会生活、原始宗教等多重因素的影响下极为缓慢地延续着。部落中经常出现的战争使集合性收藏的规模和速度都大大提高，同时也使收藏品散失和流动的频率加快。战利品遂成为集合性收藏的一个重要来源。

（2）集合性收藏在文明社会的演变。

国家出现以后，帝王将相便自然成为集合性收藏的开拓者和所有者。殷商的文物多集中于宗庙，周代文物珍品收藏之处名曰"天府"、"玉府"。春秋、战国时，公卿庙堂也成为保存文物纪念品的场所。孔子曾到鲁国参观鲁国庙堂所藏古代礼器和其他历史文物。孔子死后，其故所居堂也被立为庙，收藏了孔子生活、著述、讲学的遗物。孔子生前所有的"衣冠琴车书"受到后人"岁时奉祀"。历朝历代的奉祀，又进而使孔庙的收藏品日益增多。

西汉初年，相国萧何在未央宫中开创性地修建起"天禄"、"石渠"、"兰台"三个藏书阁，专门为皇家收藏图书。汉武帝曾创置"秘阁"，搜求天下法书名画。此后历朝均有购藏书画的专门机构。古代武库也是储藏文物的地方。《晋书·张华传》载：元康五年（295年）十月，武库失火，"累代之宝及汉高斩蛇剑、王莽头、孔子屐等尽焚焉"。隋朝初建，隋文帝即在观文殿后建二台：东曰妙楷台，藏自古法书；西曰宝迹台，收古今名画。忽必烈入主中原，也不能不受汉族风气影响，设"群玉内司"，职掌收藏图书。宋皇室收藏的古器物达万件以上，并设有专门的建筑存放收藏品。1369年，明太祖在南京鸡鸣山南建功臣庙，陈列文武功臣的画像或塑像，《太常寺志》称之为"功臣庙画廊"。清初，文物多集于内府。清代以乾隆帝搜求最力，古铜器、卷轴书画、宝石玉器、缂丝、拓本等历代珍品无不囊括，奠定了故宫博物院藏品的基础。

（3）近代收藏思想在中国的确立和发展。

集合性收藏几乎和私人收藏的历史一样久远。最初的集合性收藏应该说是为了氏族群体的利益，故可谓纯粹的公共收藏。集合性收藏在文明社会的昌盛发展首先是为了满足帝王将相等上层社会的需要，它与普通百姓是无缘的，故它仅仅代表了一小部分人的利益。到近代，随着中西文化的交流，资本主义国家为公众服务的博物馆、图书馆吸引了中国先进知识分子的注意。1868年，法国神父韩伯禄在上海徐家汇建立了自然历史博物馆（后改名为震旦博物馆），其"贮藏中国所产之植物标本之富，实为远东第一"。以后，英国、法国、美国、日本等国人士相继在我国建立博物馆，收藏动植物、古生物、石器、矿石等标本。富有收藏传统的中国人在新形势下也产生了崭新的收藏思想。1895年11月成立的上海强学会表明了其创办收藏机构的宗旨："凡古今中外，兵农工商各种新器，如新式铁舰、轮车、水雷、火器及电学、化学、光学、重学、天文、地理、物理、医学诸图器，各种矿质及动植物，皆为备购，博览兼收，以为益智集思之助。"这里已不再有各式珍玩，而更多的是汇集科学技术之成果，其收藏观已从赏玩、考证上升到以藏致用、藏用结合的新高度。上海强学会会员、甲午状元张謇1905年曾两次上书清廷，建议在北京和各省建立"博物馆"（博物馆和图书馆的合称）。而当时的朝廷根本无法顾及，于是他自己创办了中国第一个公共博物馆——南通博物苑，以此作为其"教育救国"目标中以收藏实物普及教育的一种有效手段。1926 年，由国家创办的历史博物馆正式开馆。到 1937 年，各地先后建立的各类博物馆已达 200 多个。然而连年战火及社会动荡使博物馆自身难保，其功能、作用难以发挥。1932 年 9 月 4 日的《通光日报》在对南通博物苑作了一番形象描述后，感叹道："不久的将来，这个博物苑不独墙倒壁塌，花枯树萎，鸟兽绝迹；恐怕那些较好的古董，大半要改名换姓。"1938 年，张謇的宅院成了日本军司令部，博物苑成了马厩，苑藏文物标本除一小部分转移外，其余全部毁灭殆尽。至 1949 年，残存下来的博物馆只有 24 家，馆藏也历尽劫波，所剩不多了。

中国的集合性收藏经过曲折的发展，在现代社会日益发挥着重要作用。公共收藏为公众服务、为公众利用的思想已深入人心。然而就中国现代集合性收藏的主体——博物馆来说，无论其藏品陈列、利用，抑或馆内设施、管理，远未达到尽善尽美的程度，仍要走一段艰难的发展道路。

3 当代中国收藏热

始于 1960 年代末的世界收藏热在 20 年后波及中国。随着集邮热、钱币收藏热的兴起，近年又带动了艺术品、古玩、古旧相机、徽章等新的收藏热潮。

当代中国收藏热的特点，是从中国传统的纯粹赏玩、考证型的收藏转向了保值、增值意识的收藏。同时并存的还有"无价值"或"低价值品"的收藏。自1981年以后，家庭收藏馆在上海等地大量出现。民间的收藏展览和交流活动也给当代中国收藏热起了推波助澜的作用。现在全国有上百个民间收藏团体，千余种民间收藏刊物问世。为了配合民间收藏热潮，各出版单位相继出版了大量有关收藏和古玩鉴赏辨伪的图书。而北京、深圳、上海等地的几次大型拍卖会，对当代收藏热更是起到了推波助澜的作用。

对于当代中国收藏热的研究，不是本书的重点，这里不再赘述。

三　人类早期收藏行为

　　原始社会是人类社会发展史的第一个阶段，并且是人类社会发展史中最漫长的阶段。在大约 300 万年的人类历史中，它占去了大约 299 万年。现代人的收藏天性正是源于人类早期漫长的积淀。原始社会包括原始群、氏族社会（母系氏族）和部落社会（父系氏族）三个发展阶段。而人类早期的收藏行为，主要发源于氏族社会和部落社会。原始群阶段，也就是旧石器时代早期和中期以前，是人类的形成阶段，很难涉及收藏。

1　原始宗教与收藏

　　原始宗教约出现于旧石器时代中期氏族社会的形成阶段。其基本特征是将支配原始人生活的自然力和自然物人格化，使之成为超自然的神灵，并加以崇拜。最初的原始宗教是在"万物有灵"观念基础上形成的精灵崇拜，以及随后出现的图腾崇拜、巫术崇拜、自然崇拜、灵物崇拜、偶像崇拜和祖先崇拜等。这些原始宗教及其表现形式均成为人类早期收藏行为的内在动力。

（1）鬼灵信仰与收藏

原始宗教最早可能源于人的生死和梦幻。原始人认为灵魂不死，在现实世界之外还有一个鬼魂世界，于是有了鬼魂崇拜，有了对死者的灵魂进行妥善安置的意识，即埋葬。1855年，在德国杜塞尔多夫城附近尼安德特尔河谷的洞穴发现的尼人（原始群晚期）遗址中，发现尼人遗骸周围散布有红色碎石及工具，这很可能就是人类最早的随葬品。在法国莫斯特附近洞穴中发现的一具头枕一块燧石的尼人青年遗骸，身体周围散布有74件石器，左侧还有1件石斧。在我国山顶洞人遗址中，遗骸周围也撒有赤铁矿的红色粉末，以及一些钻孔的兽齿、石珠、骨坠等随葬品。

原始氏族实行公共墓地制。在旧石器时代中期和晚期，墓地中的随葬品数量不多，各墓之间没有明显差别，这既反映了氏族社会人与人的相互平等，也说明了当时社会生产力比较低下。到了新石器时代晚期，即部落社会阶段，出现了一些规模较大的墓葬，其随葬品明显多于其他墓葬，有的多达数百件，这显示了当时贫富分化现象。随葬品多为日常用具和生产工具，以供死者在冥间使用。随葬的生产工具有些地区还有男女差别：一般男性随葬的是石斧、石铲、石锛等，女性则是纺轮和磨盘。可见当时社会分工已有明显的性别特征。从墓葬和随葬品中，我们可以认识原始人宗教观念的起源及鬼魂观念的发展、演变，也可以略识原始人的收藏及其对后世的影响。随葬用品中，大部分为死者生前使用的物品，死后仍归其"使用"。他不仅生前有所收藏，死后仍享有其收藏。

（2）图腾崇拜与收藏

图腾崇拜是原始社会早期宗教形式之一，约与氏族公社同时出现。图腾崇拜的对象有动植物、自然物或自然现象，其特征是对图腾对象的种种禁忌（禁杀、禁食、禁触摸等），以及对图腾象征（"图腾柱"或画有图腾的灵物）的神秘力量的信仰和祭拜。19世纪美洲印第安人的图腾崇拜比较普遍，氏族以图腾命名。在村落入口处树立高达30~60米的图腾柱，柱上雕刻图腾形象，住房、用具、文身也都以图腾为标记。澳大利亚所有的原始部落都有图腾崇拜。每个氏族都有一个收藏图腾的秘密地方。这里神圣不可侵犯，严禁人们靠近，特别是妇女和其他未行成丁礼的男子，只有氏族首领可以取动图腾。

在我国的图腾崇拜物中，有不少半人半兽的形象。如半坡人彩陶上的鱼形人面纹，表现了人与鱼的结合，鱼已明显人格化；良渚文化的许多玉器上，琢刻有精细的兽面纹和一种比较复杂的人兽复合纹饰，等等。

既然图腾崇拜象征物是原始人敬奉崇拜的对象，对它们细心收藏、妥帖保护就是很自然的事了。图腾人格化，最后完全人化，图腾崇拜向祖先崇拜方向发展。最终人类认定自己的祖先是人而不是其他，人神由此而诞生。人类对图腾崇拜物的收藏、膜拜遂转化为文明社会人类对各种宗教艺术品的敬奉和收藏。

（3）巫术和收藏

在氏族社会，当人们对人本身以外的自然还处于蒙昧状态时，便容易产生出人与自然存在某种神秘联系的观念，并幻想人可以通过某种方式达到影响自然以及其他人的目的，于是便产生了巫术及与巫术有关的收藏。英国民族学家弗雷泽根据施行巫术的不同方式，将巫术分为模仿巫术和接触巫术，这两种巫术均可导致一定的收藏行为。

朝鲜族先民每逢外出狩猎时，身上总是带着泥塑的狗头或用滑石雕刻的鸟类，有时还用绳子穿起来挂在胸前，认为这样便可以使狩猎顺利，这是因模仿巫术而收藏。

接触巫术是人们相信通过对某人、某物的一部分，或他们接触过的衣物行巫术，就能达到影响某人、某物的目的。我国关于发、胡须、爪的巫术很多，或认为人与其发、胡须、爪有同感的关系，或将发、胡须、爪视为全身的替代品。因此，原始民族常将自己脱落的头发、指甲、胡须、牙齿等收藏好，以免被人拿去施术。这种巫术在以后的文明社会逐渐变为迷信或与之相关的风俗。甚至现代某些地区或民族仍认为婴儿的胞衣或脐带与婴儿的生命连在一起，如果胞衣或脐带被敌人拿走或被狗等动物吃掉，将是最不堪设想的事，因而特别谨慎地对待这些牵连生命之物，或将其盛于坛中深埋地下，或被父母精心收藏。

与巫术有关的收藏在原始社会极为常见，甚至成为某种行为准则约束着原始人的行为和观念。现在一些较为原始、落后的地区或民族，这种古风仍顽固地保留着，在较闭塞的乡村，人们仍一代一代传递着与原始巫术有关的收藏风俗。

（4）灵物崇拜与收藏

灵物崇拜是在自然崇拜的基础上发展而来的。自然崇拜以自然物和自然力为对象，灵物崇拜则是对某种物品的膜拜。人们感觉某种东西有灵，认为它可以使人免受灾祸，这种东西就成为灵物，受人崇拜。灵物崇拜的对象极其广泛，既可以是一块小石头、木片，一个兽骨，一颗兽牙等自然物，也可以是房屋、工具、一方红布或几绺色布条等人工制品。灵物按其归属又可分为三类：①氏族、部落、村社灵物，即灵物归这一团体所有，并保佑该氏族、部落免受灾难。如我国滇南哈尼族在村寨门口都挂有木刀，认为它可以保佑村民不受侵犯。②家庭灵物。我国永宁纳西族家庭有家中供奉数支箭的习俗，这几支箭就是驱逐灾祸、邪祟的家庭灵物。③个人灵物。当个体劳动成为可能的时候，个人灵物的崇拜就发达起来。在山东和江苏的几处大汶口文化墓地中，发现了一些龟甲随葬例子。龟甲一般放在死者的腰部，显然是随身携带的一件灵物。商代盛行的龟甲占卜，可能就源于史前时代的龟甲崇拜。傣族的灵物崇拜也是其原始宗教中的一个重要内容。人们拾到出土的铜斧或石斧，名为雷公斧，洗净放到屋里一个固定地方，据说可以驱鬼镇邪，房子也不会被雷击倒。傣族小孩和老人常带一件镇邪的护身符，据说小孩戴上可除病免灾，老人戴上可益寿并防遭意外。

由上述内容可知，因灵物崇拜而导致的收藏，其范围远比与巫术有关的收藏广泛得多。

（5）偶像崇拜与收藏

偶像崇拜是对所奉之神灵塑造其形象而加以崇拜，是灵物崇拜的进一步发展。偶像是通过运用绘画、泥塑、石雕、木刻等手段加工而成的灵物。在旧石器时代遗址中所发现的一些雕像，可能是最早的神灵偶像。偶像崇拜的对象既可以是经过简单捏塑、加工的自然物，如一束草或略加涂抹的石头，也可以是精细镂刻的神像。有极大威力的神灵，形状巨大或奇特，如三头六臂、面貌凶恶、兽头人身、背生双翅等，其目的是增强人们自觉崇拜它的威慑力。

原始人一般把偶像本身视为神灵。当偶像不灵验时常会受到责罚。例如：黑人得不到幸运时，便鞭打他所奉的偶像；奥斯加克人（Ostyak）出猎不获时也击打偶像；我国也曾有把偶像埋入泥中，直至它灵验时方才为它洗濯和镀金的记载。

与偶像崇拜有关的收藏因限于偶像须经过人类加工这一前提，其范围和数量小于与灵物崇拜有关的收藏，并且出现的时间也相对稍晚些，但它在以后的历史发展中却大大超过了后者。偶像崇拜在文明社会有大规模的发展，偶像不仅日益增多，而且都塑造有各自的具体形象，各种祭祀场所的收藏品也因而不断增加。

（6）祖先崇拜与收藏

祖先崇拜发生于母系氏族时期，盛行于父权制确立的父系氏族社会。在原始图腾崇拜中，已含有祖先崇拜的因素。随着生产力的发展，逐渐改变了人与动物同祖的观念，产生了对女性始祖的崇拜。辽宁喀左县东山嘴红山文化遗址发现了一组石砌建筑和妇女陶塑像，这是供奉女神的祭坛。离此处不远的牛河梁遗址群，有女神庙和环绕周围的积石冢。庙中供奉有女神群像，神像比例如人，还有大于真人3倍的女神塑像碎片。国外考古也发现不少夸张女性特征的裸体雕像。这些都是史前女性始祖崇拜的实例。

随着父权制的确立，女神时代便一去不复返。黄河流域新石器时代晚期遗址，如陕西华县、西安客庄发现的陶祖塑像，青海乐都柳湾发现的裸体男像陶罐，成为当时崇拜男性祖先的物证。男性族长日益成为本族得以繁衍的体现者和庇护者，并形成供奉祖灵、祖像和按时祭祀等各种仪式。后来，祖先崇拜进一步与地方守护神乃至国家守护神崇拜结合起来，在一些传统农业国家（如中国）极为发达，以至与祖先崇拜有关的收藏和祭献习俗繁细有秩，持久不变。

② 人体装饰与收藏

人体装饰是人们在身体各个部位进行暂时或永久性的装饰。永久性的装饰多固定在身体上，如瘢纹、鲸涅（在人体皮肤刺符号并涂黑）及安置耳鼻唇饰；暂时性的装饰不固定于身体某个部位，是以物暂时附系于身体上的装饰，如佩戴于头部、颈部、腰部、四肢的各种装饰物。个人所佩戴的装饰物品实际上就是个人的收藏品，他不仅生前占有、使用装饰品，死后装饰品也随其陪葬。

从考古发掘来看，早在旧石器时代晚期便出现了各种各样的装饰品。如山顶洞人的遗物中，装饰品有穿孔的兽牙、海蚶子壳、石珠、小砾石、鲩鱼眼上骨和勾刻的骨管等，且大部分装饰品孔上都有穿带的痕迹。欧洲同一时期的遗址中，除发现有类似的装饰品外，还发现有猛犸象牙做的骨镯、骨珠等。我国仰韶文化遗址中出土的装饰品，不仅样式繁多、制作精巧，取材也多种多样。大汶口遗址 10 号墓中，死者右手戴有淡绿色玉环，头部有长形穿孔耳饰，颈部还有一圈绿松石。

现存的原始部落为我们了解人类的装饰性收藏开阔了视野。达尔文曾送给一个南美火地岛人一块红布，却不见他拿来做衣服。原来这个火地岛人将红布撕成一片一片，分给同伴们系在四肢上做装饰品。达尔文对此很为惊讶，然而许多原始民族会以此为然。除了在寒冷地区不得不穿上衣服外，原始民族大都是装饰多于衣服：爱斯基摩的男人在下唇的两角穿孔，塞以骨、牙、贝、石、木、玻璃等所做的钮形饰物；布须曼人悬挂铁及铜的环于耳上；澳洲土人将一个白贝壳或一条野狗尾系于胡须的末端；我国台湾少数民族将鹿的头皮连耳及角制为装饰用的冠等等。

原始人收藏的饰物如此斑斓，但仔细观察仍能发现人们共同的偏爱。如带有光泽的饰物，像金属物、宝石、贝壳、牙齿、毛羽等因其有光泽而被珍视；颜色明亮的饰物，如红、黄、白色的居多；形状美观的饰物，如鸟羽、贝壳的饰物很受赏识。

原始人的饰物不仅比文明人丰富，而且与其全部所有物相比，也极其繁多。原始人生活如此简陋，然而却拥有如此众多的装饰物，林惠祥在《文化人类学》一书中对产生这种不相称情况的原因作了分析。他认为这是由于装饰在满足审美欲望以外，还有实际生活上的价值。这种价值第一在引人羡慕，第二在使人畏惧，这两点却是生活竞争中不可少的利器。凡能使同性畏惧的，同时也能使异性羡慕。

人体装饰产生于母系氏族社会时期。根据民族学资料，人体装饰是由于氏族外婚制的实际需要产生的，所以人体装饰常常与"成丁礼"联系在一起。曾有人问一个澳洲男子为何要装饰，他回答说："为要使我们的女人欢喜。"由此可见人体装饰的第一效用是吸引异性。

原始社会的人体装饰相互间差异较小，而文明社会中的装饰又多出一个效用，即它也是身份和地位的标志。但不管社会如何发展、变迁，装饰为吸引异性的功效不会丧失，因而与装饰有关的收藏也将伴随着人类发展的始终。

🌀 3　原始艺术与收藏

原始艺术泛指与文明人艺术相对的那些初创、幼稚的原始人艺术，它既包括史前艺术，也包括人类进入文明社会以来，世界上至今还残存的不开化部族的艺术。与文明艺术相比，原始艺术较注重实用性，多数作品具有社会、宗教、装饰或其他实用功能，因而与原始艺术相关的收藏行为也就不是单一的了。

当人类制造出第一件工具的时候，人类的第一件艺术品产生了，因为人类早期的物质活动和精神活动是交织在一起的。原始先民在上百万年的生产和生活活动中，不断掌握和积累着制造工具的技巧，为原始艺术的繁荣做了长期、艰苦的准备。

原始艺术的繁荣期大概在旧石器时代晚期，当时的石器和骨、角器已趋于精细小巧，种类增多，诸如锥状、半锥状、扇形和棱柱状石刻、雕刻器、尖状器、石钻、石镞、圆头刮削器、船底形刮削器、石锯、琢背小石刀等。人体装饰品和雕刻这两类并非工具或武器的艺术的出现，也是原始艺术繁荣的重要标志。人体装饰品多是在磨制好的石珠、兽骨、兽角和兽齿上打洞钻眼，以便于佩戴。欧洲许多地方都发现有护符。法国拉玛德梅尼的饕餮纹角片护符，法国方特高姆洞中刻有麝牛和人像的骨片护符，均是一端有孔用于系挂的。此时还出现过许多小型动物雕像和女神雕像及绘画。在奥瑞纳——梭鲁特期文化遗址中，发现有刻画在石、骨、角上面的十分原始的动物形象线雕画；在德国南部洛格尔赫德发现有象牙的动物雕像。此时发现的小圆人雕像几乎全是女性的，只有几寸大，所用材料多比较柔软，如石灰石、泥灰石等石头。

新石器时代中、晚期，是原始艺术的第二个繁荣期，其代表是彩陶艺术品。我国境内发现的彩陶，无论是数量还是质量，均为世界其他地区所不及。此时期的骨、角、贝、木制品也很多见，一部分用来制作复合的渔猎器具和武器，一部分作为装饰品。

虽然我们不能再现史前人类对艺术品的制作和收藏过程，但现存的一些原始落后民族为我们揭开了其中奥秘。在100多年前白人来到新西兰之前，毛利人没有见过一块金属，但他们刻出的饰物，不论是刻在木头上还是石头上，都极其精美，手艺高超。澳洲土人多数都通晓绘画技艺，南非洲的布须曼人也以善于绘画著称，他们都以粗笨的工具、天然的颜料，塑造出大量生动、写实的艺术作品。原始人在长期的生存竞争中，磨炼出敏锐的观察力和一双灵巧的手，同时他们也用此创造出发达的原始艺术。

文明社会极为重视对艺术品的收藏，杰出的艺术品在当时的社会有很大影响。原始艺术作为"一种不可企及"的艺术，以其特有的美学风格满足了现代人的审美心理要求，也因而成为一种难得的艺术珍藏。然而，对于原始人来说，他们对自己所创造的艺术品的珍视程度大概比文明社会差得多。从总体而言，原始人没有这种单纯的艺术似乎也不要紧，因为他们为实用功能而自觉不自觉繁荣起来的原始艺术，已深深融进劳动工具、宗教信仰物、人体装饰品等实用物品的制造和收藏中了。由此可知，原始人不会单纯为了艺术而收藏。

4 私有财产的起源和收藏

收藏品是个人财产的一部分，私人财产的起源与收藏品的起源有密不可分的联系。

在人类发展的早期，由于当时的生产力极其低下，因而曾实行过相当长一段时间的原始共产主义制度。人们以亲族关系为基础，共同劳动，平均消费。由于原始社会一个人单独生活是根本不可能的，因此他也就不会意识到他是与他所赖以生存的血缘集团可以分开的个人，也就不可能产生个人财产的观念。氏族内部的一切东西都是公共财产。

原始社会是否有属于个人的财产呢？抑或私有财产是如何起源的呢？私有财产的起源与收藏行为有什么必然联系吗？拉法格著的《财产及其起源》、摩尔根撰写的《古代社会》，以及一些民族学资料，或许能给我们提供一些答案。

氏族社会个人财产的最初形式，是氏族通过一定仪式送给每个成年成员的名字。原始人视自己的名字如贵重的珍宝，他从不向外人公布自己的名字，生怕被人窃去。而当他想用无价的礼物来表达自己的友谊时，就同自己的朋友交换名字。然而就是这种个人的名字，也不是绝对属于个人。照摩尔根的看法，名字是属于氏族的，当受赠的朋友死去后，这名字仍旧要归还氏族。

个人用品或私人用品是私有财产的最原始形式。

个人财产物质形式的最初起源是氏族成员的贴身之物和他们所使用的劳动工具。

在原始共产主义社会，如果要使一件东西成为个人所有，便要使这件东西同该人的体肤结合在一起，即使这件东西附着于个人并且嵌入个人的肉体或皮肤而不能分离，如穿在鼻子上、耳朵上、嘴唇上的装饰品，系在颈上的宝石或兽皮，以及其他佩戴在身上的装饰品。这些物品已成为佩戴者身体的一部分，生死不离，人死后物品与尸体一起埋葬。还有通过假想的联系而占有使用某些物品，如原始人在想认定某物是属于他的时候，就要做出吃它的样子，把它送到口边用舌头舔一舔。爱斯基摩人购买一件小物品，甚至是一枚针，都要把它贴着嘴唇或采取某种象征性的动作，借以表示想要保留它作为个人使用之物。

使用是个人占有的主要条件。原始人使用劳动工具，因而也占有劳动工具，它同身体佩戴物一样属于个人所有。原始墓葬出土的随葬品，主要就是个人佩戴的装饰品和他使用的劳动工具。对这两类物品的占有，前提是其劳动的产物并加以使用。爱斯基摩人只能占有两只船，假如他造了第三只，第三只船就归氏族支配。凡是本人所不使用的一切都归氏族所有。

摩尔根认为野蛮人对于财产的价值、财产的渴望及财产的继承观念很微弱。他们生活中的财产不过是粗陋的兵器、织物、家具、衣服、石器、骨器、饰物而已。占有这些物件的欲望在他们心中尚未形成。

由于生产力的发展和个体劳动作用的加强，使得个人使用的财产日益增多，并使氏族成员在劳动成果上的差异日益显露。随着剩余产品增多，交换日益频繁，氏族酋长、部落首领、家族长逐渐利用自己的权力把公有财产当成私有财产进行分配，随之有了贫富差别和阶级分化。大汶口遗址 10 号墓，墓穴很大，有木椁，随葬品有猪头、生产工具、生活用具等 100 多件；而 62 号墓却无木椁，随葬品仅兽骨 1 件。邹县野店遗址 62 号墓，随葬各种陶、玉、石、骨器 80 件；81 号墓只随葬一件小陶杯。这种显著的贫富差距使人们积累私产的欲望日渐强烈，而富者的收藏也日趋增多。在原始社会解体的初期阶段，当酋长和首领的都是那些被认为对全公社有益或有助于争得社会威望的品德优秀的人，而绝不仅仅是富有者。但正是这些出色人物及其家庭，由于他们的这些优秀品质而拥有比较好的条件来获得财产。在索罗门群岛上，为了成为氏族一个分支的首领或者提高自己的社会地位，要举行许多宴会和庆典，并分发食品，只有富人才有力量办到。有势力和权威的人，在采取措施增加财产并提高威信方面很容易得到亲属和邻人的帮助，而正是氏族公社中最富有和最有势力的成员担负着首领的角色。正是这种双向循环和促进，形成了在财产方面富足、在社会地位方面享有特权的社会上层分子，他们有更多的机会拥有各种收藏品，他们的收藏便是文明社会中王公贵族收藏的前身。

财产观念加强后，便出现了个人遗产的继承问题，这也牵涉如何处理收藏品。珍贵收藏品是随葬还是留给他的亲人，是归于氏族还是归于其子，这在原始社会不同的发展阶段，在不同的地区，都有相应的原则和习惯。

社会生产力的提高及两次社会大分工的完成，大大促进了私有财产的扩大和发展，起等价物作用的特殊商品货币也应运而生，这不仅更加刺激了人们积累私人财产的欲望，也提供给人们一种更便于积累私人收藏的手段。人们的收藏品不仅随财富的增多而增多，而且还出现了一种新的收藏——金钱的收藏。

四 宗教（寺庙）与收藏

　　原始宗教文化是人类早期收藏行为的根源。文明社会的宗教虽不像原始宗教那样对人们的收藏活动起至关重要的决定作用，但出于人们对宗教的信仰以及寺庙在人们生活中的特殊地位，致使与宗教有关的收藏在中国收藏文化史上占有重要的地位。

　　我们不妨用一段趣事来引入寺庙收藏之正题。据载宋哲宗元祐四年（1089年），苏轼被贬杭州路过镇江，前去拜访他的挚友——金山寺住持佛印。当时佛印正准备为众僧说法，见苏轼入室便开玩笑说："内翰何来，此间无坐处。"苏轼灵机而答："暂借和尚四大，用作禅床。"佛印又言："山僧有一转语，内翰言下即答，当从所请。如稍有犹豫，请将所系玉带留下，以镇山川。"苏轼自恃博学聪慧，当即解下玉带置于几上，等候问话。佛印即问："山僧四大本无，五蕴非有，内翰欲于何处坐？"苏轼一时语塞。佛印当即吩咐侍僧："收此玉带，永镇山川。"同时取出一袭裟裟，酬送苏轼。这条玉带如今仍收藏在该寺。

博物中心——寺庙的源起

从鬼魂崇拜、自然崇拜以至祖先崇拜，我国过去可谓"代代有神，家家有祀"。《汉书·武帝纪》载，汉武帝曾下诏："河海润千里，其令祠官修山川之祀。"历代神祠虽兴废交替，但最终仍形成了"宗有宗祠，家有家庙"、"一乡一里，必有祠庙焉"的热闹景象。

随着佛教传入中国，佛寺也随之兴建，东汉兴建的白马寺即为我国最早的佛寺。宫廷崇尚佛教之风习使王公大臣立祠祀佛之举盛行。据《后汉书》载：楚王刘英"晚节喜黄老，修佛屠祠"。民间也纷纷响应。汉献帝时，郡县曾"大起浮屠寺，上累金盘，下为重楼，又堂阁周回可容三千余人。伴黄金涂像，衣以锦彩"。三国时期，康僧会感得舍利，献吴主孙权，建塔供之，号建初寺。晋朝佛寺大兴，西晋东西两京寺院有180所。南朝佛寺兴建盛极于一时：宋有寺院1913所，齐有2015所，梁为2846所，后梁有108所，陈为1232所。诗人杜牧所吟"南朝四百八十寺"，远不足以概括当时之盛况。北朝有增无减，仅洛阳一地就有寺庙367所。隋代禅宗兴起，佛寺兴建止步不前。唐朝寺庙多带有当时的宗派色彩。继武宗、后周灭佛，寺庙大受打击，毁林甚重。宋代一反后周政策，佛教元气迅速恢复，至天禧末，寺院多至4万所。以后元、明、清各朝，为建寺庙而大兴土木，费用浩繁。明成化年间，京城内外官立寺观多至639所，清康熙时全国共有寺庙 79622 处，已兴盛至极。

此外，中国寺庙尚包括道观、清真寺及教堂。明代翼圣曾以诗盛赞武当山道观："五里一庵十里宫，丹墙翠瓦望玲珑。楼台掩映金银气，林岫环回画院中。"唐朝对景教采取宽容态度，致使西方教士来华者日增。据《大秦景教流行中国碑颂并序》记载当时的盛况："法流十道，国富元休，寺满百城，家殷景福。"玄宗在位时还亲自为景寺题额，并令大将军高力士把五代宗祖遗像陈列寺中；德宗更为景教立碑记盛。明清之际，基督教在中国广为传布，教堂星罗棋布，19 世纪后半期风起云涌的教案风波，也足证教堂之兴盛。

无论是神祠、佛寺，还是道观、教堂，它们均成为中国寺庙不可或缺的一个组成部分。然而就与收藏的关系而言，佛寺在中国收藏史上，占有更为重要的地位。

佛像收藏

佛寺的收藏以佛像、经书、书画及佛教文物为大宗，私人收藏则以佛像和经书为主。

佛教和佛教艺术发展史决定了佛像收藏的嬗变沿革。佛教最初的教义是禁止塑造释迦形象的。《阿含经》曾说："佛形不可量，佛容不可测。"故最早的寺塔只雕佛的纪念物而无佛像。后大乘教在北天竺和今巴基斯坦等地兴起，佛像才开始出现，由此也决定寺庙或私人对佛像的膜拜与收藏要晚于对其他佛教文物的收藏。

古代佛像具有唯一性的特征，即很难发现身躯面貌、神态完全相同的佛像，因而其收藏价值颇大。尽管佛教经典对佛像塑造作了"三十二相，八十种随形好"的严格规定，也尽管佛、菩萨像的坐式、手印类似，但佛像的面型、表情和体态还是千差万别，即使是在同一个范模里翻制出来的铜铸像，一经涂饰加工，也会呈现出细微的差别。

留心佛像收藏和研究的人不仅会看到佛像有地域特色，也有时代差异。从我国现存的 4~5 世纪的佛像看，其在敦煌是古朴、健壮，在云冈是雄强、乐观，在龙门、巩县是清朗飘逸，在麦积山则一展俊秀生动之姿容。从时代上看，西晋时期有以薄铜板锤打成的金镙像。六朝时期有精致的小型鎏金铜铸像，在背光后或像座后刻有铭文。魏齐至隋唐有不少石雕造像流传下来，其形式为一尊一石或多尊共一石；有带龛形的，大型石雕龛像叫"造像碑"。六朝至明均有塑像，现甘肃敦煌石窟和炳灵寺石窟保存不少精美塑像。宋、元、明塑像，也风格各异。

唐代有一种"善业泥像"，是僧人圆寂火葬后，用骨灰和泥压制出来的佛像，像背后题"大唐善业"等铭文，也可用模型压泥造成各种佛像。清代帝后每逢寿日便用此法造万佛像施赐各寺。

此外还有瓷像、夹纻像、绣像等。瓷像又有素瓷像和彩瓷像的不同，以唐代三彩瓷像最为名贵。

佛教所深蕴的宗教感染力和精湛的雕塑艺术代代

相袭。时至今日，佛像已不独为寺庙之专宠，它也成为不少私人收藏家重点收藏的对象。

3　刻经与藏经

写经、刻经是传播宗教的一个重要手段，多是僧人为之。收藏佛教经典，是寺庙僧人的职责。

佛教经典总称"三藏"，也称"大藏经"。"藏"是梵文 Pitaka 的意译，指盛放东西的容器，本身即具有收藏的含义。佛经有写经和刻经之别，刻经又分石刻和木刻。把佛教经典刻在石上以资传诸久远，似与殷商贵族铸青铜重器以便"子孙永保之"的道理一样。

刻石经始创于北齐，如山东泰山经石峪的《金刚经》，邹县四山摩崖刻经，山西太原风峪的《华严经》，以及河北武安北响堂山的《维摩诘经》等，均是当时石刻佛经的代表。隋代石刻佛经有更大规模的发展，如北京房山云居寺，自隋炀帝大业年间至明熹宗天启年间，历经千余年，共刻经石 1.5 万余块，佛经 1000 多部，并深藏在洞中，云居寺所居之处，也被称为"石经山"。

刻石经的主要目的就是为了妥善收藏佛教经典，并使其流传后世。之所以如此，主要是汲取了北魏和北周两次"法难"的教训。

第一次"法难"发生在北魏太武帝在位（424 ~ 451 年）时，他曾下令诛长安沙门，焚破佛像，并命令全国各地废佛。紧接着又命主管部门通告各地官员，焚毁佛像经籍，坑杀沙门。由于太子暗中相助，各地沙门事先得到消息，及时将金银佛像及佛教诸经隐藏起来，减免了一场劫难。第二次法难在北周武帝在位（561～578年）时，他于574年下令禁佛道两教，并禁绝儒家经典没有的各种祭祀。北周灭北齐后，周武帝又在北齐境内推行灭佛令，以致"北地佛教，一时绝其声迹"。

经过两次"法难"，许多手写经卷大多焚毁散失，而东汉蔡邕所刻石经却安然无恙，这给佛教徒以很大启发。北齐时，天台宗二祖南岳慧思大师的弟子静琬遂发愿造石经，闭封岩壑中，以备法灭。静琬在贞观八年（公元634年）的题刻中，曾明确表述其刻经的目的："此经为未来佛难时，拟充底本，世若有经，愿勿辄开。"唐初唐临所著《冥报记》对此也有记载：幽州沙门释智苑（即静琬），精练有学识。隋大业中，发愿造石经藏之，以备法灭。既而于幽州北山，凿岩为石室，磨壁以写经。又取方石磨写，藏诸室内。每室一满，即以石塞门，用铁锢之。造石经满七室后，智苑去世，其弟子继续刻经。如此连绵千载，石经山9个石洞共藏经版4196片，另在压经塔下地穴内封藏10082片，所刻佛经为1122部3572卷。

造石经收藏"以备法灭"，此言不幸而中。唐武宗时发生"会昌法难"，共毁佛寺44600所，所废寺院田产没官，所有钟磬铜像均交盐铁吏铸钱，铁像交各州府铸造农具，私人收藏供奉的金银佛像在一个月内送交官府。百年之后的五代周世宗时又一次灭佛，所毁铜像用以铸钱。佛教经过这几次打击，历代名僧章疏文论散失殆尽，各种经论多遭湮灭，石经山所藏石经遂尤显珍贵。

石经山刻石绵延千年，并有说明、记载，可谓是有备而藏。那么，敦煌宝藏又是出于有意还是无意呢？或许仅仅是一种偶然才在莫高窟里封藏了珍贵的古代经卷、画卷，但详情已不得而知。这种封闭式的收藏，使古代的珍贵文献典籍较集中地流传后世成为可能，但为之所付出的代价和努力要比个人的小量收藏或单项性收藏要大得多。这种历时已久的大规模收藏，恐怕除了帝王陵墓的陪葬式收藏外，就应属上述这种与宗教有关的收藏了。

寺庙的艺术品收藏

寺庙和石窟，在古代曾是非常重要的艺术收藏、博览中心。宗教也利用各种艺术形式，如绘画、书法、雕塑、铭刻等来布道传说，许多僧人居士，也曾是当时名冠一时的艺术家或收藏家。

寺庙绘画在三国时便已倡始，两晋时渐成风气。三国孙吴曹不兴、西晋卫协、东晋顾恺之并称我国最初的三大佛画家。南北朝时不仅大兴土木建造寺庙，同时也非常崇尚寺庙绘画。陆探微的天安寺惠明板像、灵基寺瑾统像，宗测的永业寺佛影，均在当时称绝。萧武帝时，凡装饰佛寺，必命当时著名画师张僧繇画壁，其所画佛像有"张家样"之称。与张僧繇齐名的画师曹仲达，也擅长佛画，其用笔稠叠，所绘佛祖衣饰紧贴身体，如同被水打湿一般，画史上称"曹衣出水"。唐初的佛画，尤其是佛寺壁画盛极一时，绘画高手云集长安，庵观寺院遍布壁画，仅吴道子一生就画过 300 余堵壁画。而成都大圣慈寺的 96 院，在宋时还保存唐代壁画 8524 堵，佛陀、菩萨、罗汉、高僧、天王、明王、神将形象以及佛会、经变、变相穿插其中，由此更可知都城长安的盛况。

可以说，在宋朝文人画兴起之前，与宗教有关的绘画在当时绘画艺术发展中，占有举足轻重的地位。即使在文人画大兴之后，释道仍是画师喜欢描述的对象，寺庙也依旧是画师展示才华的场所，甚至文人画家本身不少就是通禅的隐士，其画笔中难免不带禅意。文人画的早期代表王维，字摩诘，即取自《维摩诘经》中的维摩诘居士。据《宣和画谱》记载，他的佛道人物画有 69 幅之多。苏轼与禅僧更是过从甚密，其后的黄公望、倪云林、董其昌、八大山人等都崇信佛道。佛道，尤其是禅宗思想，在这些文人创作的水墨写意画上得到了明确体现。

不仅上述所说佛画、壁画及文人绘画为世人所珍爱收藏，也有不少善诗文、工绘画的佛道中人的绘画作品为后世所宝惜。明释莲儒所纂《画禅》一书，载自惠觉至雪窗共 64 人，都是僧林巨擘，所画空灵蕴藉，一纸洒脱林泉之意。这些作品不独为寺庙的镇"寺"之宝，也颇受文人青睐。

寺庙也是书法艺术荟萃之地。魏晋以降，佛寺道观兴盛，同时书法艺术也日渐完善和丰富，两者结合便成自然而然的事了，许多著名书法家，如钟繇、索靖、王羲之等均为寺庙留过真迹：或书庙碑，或写塔铭。

佛教兴盛后，佛经译释得到重视，译书抄录过程中也曾涌现出一些书法珍品。西晋时流行的"细字经"和"供养经"，均是颇有书法艺术价值的抄经，有些还流传到现在，如敦煌出土的惠帝永熙二年（291 年）所书《宝梁经》上卷等。

南北朝的寺庙书法遗迹则更为雄厚。王羲之七世孙僧智永，住吴兴永欣寺，几十年不下楼，临写 800 多本《千字文》分送江东诸寺。智永书迹不仅为后世藏家高价索求，即使在当时也受世人争宠，前来求书者不断，其住处门槛被踏损，又包以铁皮，号为"铁门槛"。

除墨迹写经外，造像题记、幢柱刻经及碑版、塔铭等，也均为寺庙书法的流传形式。中国最高雅的收藏项目之一——碑帖，很多便与宗教或寺庙之收藏有不解之缘，甚至可以说，现存名碑，几乎大多来自寺庙。

隋唐以后，名家为寺庙留书成为时尚。风化所及，遂有虞世南书《孔子庙堂碑》、欧阳询书《化度寺邕禅师舍利塔铭》、褚遂良书《孟法师碑》与《雁塔圣教序》、薛稷书《信行禅师碑》、裴休书《圭峰禅师碑》、李阳冰书《城隍庙碑》与《清凉寺碑》、李邕书《岳麓寺碑》、颜真卿书《多宝塔感应碑》与《金天王祠题词》、柳公权书《大达法师玄秘塔碑》与《金刚经》

等，寺庙之收藏亦愈加绚烂夺目。寺庙僧人也不乏笔圣，怀素便是一位名垂书史的大草书家。他能学善变，《东陵圣母帖》、《藏真律公帖》等为其平生佳作，亦后世帖临赏鉴之范本。

宋以后，名家已不屑为寺庙书经题碑，只是偶尔有些题诗联句。至明、清，寺庙才又成为对联、诗作等书法艺术的展示场所。

文人墨客、名师僧人在寺庙留下无数书画杰作，到寺庙赏习先贤遗迹，并乘兴挥毫抒怀，又为寺庙增添新的景致。在书画艺术繁盛的中国，寺庙之所藏，遂代代引人入胜。

在现代，博物馆是古代各种文物的荟萃之地；而在古代，寺庙则是最为发达的博物中心。除了宗教经籍、书画，寺庙也保存了大量宗教金石文物，钟、磬、炉、鼎之类属"金"之范畴，如北京大钟寺收藏的明永乐年间所造的大钟，钟内外铸有汉、梵经文，重达 8 万余斤；海法寺留存的明正统年间所造之钟，内外铸有梵文经咒，两钟均名扬四海。各地寺院也多收藏有宋、元、明时代的铜钟或铁钟，极有研究价值。其他如雕塑的尊像，各种用金、石、玉、竹、木、骨、角、牙、陶、瓷等雕刻的器皿或艺术品，寺院的谱录、志书、档案、戒牒、法卷，名师高僧的袈裟、冠屐、饰物，各种法器、乐器、仪器、家具等，均在寺庙的收藏范围之内，也是现代人珍视宝爱的对象。可见，古代寺庙不仅是当时的文化艺术中心，也是宏达博物之趣的重要场所，而这一功能一直传袭至现代社会。人们在古寺名刹中，不仅能体会到宗教的庄严和肃穆，同时也能通过寺庙的收藏去感受古人的生活情趣。一些寺庙之珍藏甚至成为引客入庙的"法宝"，如金山寺的"四大宝物"，除本文开始所述的东坡玉带，尚有周鼎、文氏《金山图》和铜鼓三件。其中周鼎为宣王时代遗物，为湖北汉阳叶志先于1884年送该寺收藏；《金山图》则出自明代著名画家文徵明之手，画后有文徵明题《金山寺追赋》诗一首；铜鼓为清代镇江知府魋元在广西所获，后归该寺收藏。一般寺庙的镇寺宝物都有不平凡的来历，故多专修宝室而收藏，而这些寺庙收藏又会引出许多故事和传说。

据《图画见闻志》记载，盛唐开封相国寺因收藏"十绝"而引来游士观客如云："其一，大殿内弥勒圣容，唐中宗朝僧惠云于安业寺铸成，光照天地，为一绝；其二，睿宗皇帝亲感梦于延和元年七月二十七日，改原建国寺为大相国寺，睿宗御书牌额，为一绝；其三，匠人王温重装圣容，金粉肉色，并三门下善神一对，为一绝；其四，佛殿内有吴道子文殊维摩像，为一绝；其五，供奉李秀刻佛殿障日九间，为一绝；其六，明皇天宝四载乙酉岁，令匠人边思顺修建排云宝阁，为一绝；其七，阁内有陈留郡长史乙速令狐为寺建功德时，令石抱玉画《扩国除灾患变相》图，为一绝；其八，西库有明皇先敕车道政往于阗国传北门毗沙门天王样来，为一绝；其九，门下有环师画梵五帝释及东廊障日内画《法华经》二十八品功德变相，为一绝也；其十，西库壁画有僧智严画三乘因具入道位次图，为一绝也。"晚唐成都应天寺收藏丰盛，亦有藏中"三绝"之传。至宋及明清，寺庙收藏之风一直未衰，几至每寺有宝，庙各有珍。如四川梁平西南的双桂堂古寺，除舍利塔的舍利和出土金带为镇寺之宝外，尚收藏有清雍正所赐铜佛5尊，青铜古乐器，十一二世纪手书梵文贝叶经，汉代瓦、明代钟，顺治之师玉琳参禅醒板，十代方丈竹禅的墨竹、顽石、罗汉画页，以及吴佩孚手书条幅一轴、墨竹三幅等。

寺庙收藏辗转相传，流传至今。如北京白云观，现存碑刻颇多，价值较高之收藏有元赵孟頫书《道德经》、《阴符经》，还有唐代石刻老君。"海天佛国"的普陀山寺现收藏有珍贵文物达千余件，如明、清皇帝的圣旨、玉印和西藏的佛像，以及来自印度、日本、缅甸、南洋诸国的玉佛、梵文贝叶经、菩提树叶等，所藏法书绘画，更不乏精品杰作。北京雍和宫的收藏更以精美著称，如天王殿木刻贴金弥勒佛像、乾隆御笔匾联、御书《喇嘛说》碑，七珍、八宝等，均为稀世之宝，连雍和宫内所置腊八粥锅也颇有名气。

寺庙作为古代的博物中心、游览中心，决定其必须有所收藏，且多有所藏。寺庙收藏又反过来提高了寺庙的声望，吸引了更多的游客，同时也日渐增多其收藏。甚至寺庙收藏丰富与否，直接反映了寺庙的规模、历史及在世人中的地位，因而名寺古刹、皇家寺宫，其珍藏之丰厚，远非一般寺庙所能企及。

庙会与收藏品交易

随着寺庙收藏之发达，其博物、游览之作用也愈加鲜明，寺庙亦兼可成为收藏品的交流之地。书画、古玩交易在寺庙"庙会"中占有重要位置，宋代东京相国寺庙会便颇具代表性。笔墨、书籍、文玩、字画、碑帖等，是庙会中最受文人、收藏家喜爱的交易品，而且很多收藏家也是通过庙会来选购和丰富自己的收藏的。据李清照《金石录后序》记载，赵明诚在开封时，每逢初一、十五便向官府告假，到相国寺满载碑文而归。《枫窗小牍》卷下也记载："余家藏《春秋繁露》，中缺两纸，比从藏书家借对，缺纸皆然，即馆阁订本，亦复尔尔。……后从相国寺资圣门，买得抄本，两纸俱全。此时欢喜，如得重宝，架囊似为生。及离乱南来，缺本且不可得矣。"

　　愈往近代，寺庙庙会也愈加兴盛，逢年过节逛庙会已成为各地的传统民俗，古玩收藏也益寄借寺庙而发展。如北京著名的古玩店铺荟萃之地——琉璃厂，其发源可归功于琉璃厂内火神庙的庙市。北京自明代起便有正月初一至十六举办灯市的习惯。清初，灯市移到琉璃厂前。雍正十二年（1734年）正月，琉璃厂火神庙同时举行庙市。庙市虽多儿童玩具及各种食物摊，但后逐渐被古玩、珠宝、玉石、书画摊占据。至乾隆时，已是古玩书肆店铺林立了。当时纂修《四库全书》，"各以所校阅某书应考某典，详列书目，至琉璃厂书肆访之"，由此可见当时书肆藏书之丰富。其他如慈仁寺、隆福寺等庙会上，古书字画均可相见，也同是文人士子的消闲去处。王士禛在《池北偶谈》中记道："己亥于慈仁市上，见客氏拜三字名刺，朱克生以三钱得之，赋客氏行。"另《香祖笔记》也记载："每月朔望及下浣五日，百货云集，慈仁寺书摊只五六，往时间有秘本，二十年来绝无之。"慈仁寺书市此时已渐衰落，而在隆福寺等处，裱画铺已在其周围安家，成为寺内书画交易、收藏的辅助。

至现代，不少寺庙已荡然无存，但中国寺庙在其近两千年发展中所蕴积的丰厚宗教文化，却借助中国传统的收藏手段而流长：其超逸旷达为文人雅士之所投，并为之奉献书画艺术之精华；其博物聚珍、雅俗共赏，使遥远的天国与世人相近，让人流连；寺庙民俗文化为古人之收藏提供诸多方便，使收藏家受益匪浅。寺庙，一种源于宗教的文化载体，其于收藏及收藏之发展，功不可没。

五　战争与收藏

　　一提到战争，人们想到的必然是杀戮和破坏。但对于收藏来说，战争有破坏收藏的一面，也有促进收藏的一面。战争对收藏家来说，是磨难也是一种锤炼。

战争破坏收藏

　　战争破坏收藏是必然的。在中国历史上发生的无数次大大小小的战争，每一次对于国家和私人的收藏都会造成不同程度的破坏。整体说来，这些战争给收藏带来的破坏和造成的损失是无法计算的。多少美妙绝伦的艺术品毁于一旦，多少价值连城的收藏品被战火摧毁，多少国家和收藏家的珍贵藏品在战争中流散。战争给收藏带来的损失是惨重的。

　　举世闻名的世界第八大奇迹——秦始皇陵兵马俑，三个俑坑共有7000个以上的大型陶制兵马俑，个个神形兼备，堪称秦代造型艺术的典范。这样一个庞大的军阵，是由众多的艺人、工匠和大批刑徒在秦始皇生前制作，并在秦始皇死后埋于地下的。这无疑是为后人收藏了一大批秦代的艺术珍品，但遗憾的是，秦始皇陵兵马俑的三个俑坑都在秦末的战乱中受到了破坏。发掘人员发现大多数兵马俑都曾被推倒，很多已经断裂破碎，兵马俑手中的大型青铜武器，多数已经遗失。有的专家认为，这是项羽的军队攻入关中后，进入甬道式的俑坑，抢掠兵俑手执的青铜武器所致。我们今天在发掘过程中，要花费巨大的人力和财力来修复这些遭到战争破坏的艺术珍品。如果没有秦末的战乱，这世界上独一无二的大型兵马俑阵将会多么完美地保藏至今。

1969 年，在北京后英房发掘的宋元时代居住遗址中所展现的情景，形象地反映了战争对一般民众家庭财物的破坏。这是一所宋元时期流行的大型住宅的遗址，出土了很多贵重物品，有精美的螺钿漆器残片，有名贵的青花瓷器，有价值很高的水晶石和紫端砚等，还有散乱在地上的红白玛瑙制成的棋子 200 多颗。这一切都反映出突发的战乱使住宅的主人在非常慌乱的情况下被迫逃走，以致许多值钱的东西都未来得及带走，房倒屋塌后被埋于地下。而且还可以推测，这家在当时的战乱中曾遭抢掠，有更多贵重的东西和藏品被抢走了，这无疑是对民间收藏的破坏。

类似的惨痛也发生在宋代赵明诚夫妇和近代欧阳辅棠的身上。赵明诚和李清照夫妇节衣缩食，搜集了大量的书画古籍和青铜器。他们把这些藏品视如生命，把玩研究，陶醉其中。后金人入侵，北宋国土满目疮痍。建炎元年（1127 年）三月，赵明诚先去建康，将珍贵文物图书 15 车携往江南。秋天青州兵变，李清照携一部分文物南下，与赵明诚相会。而留在青州旧宅的文物图籍，全部毁于兵火。建炎三年赵明诚病故后，在金兵压境的形势下，李清照又携家藏铜器等物辗转江南，大多数文物在战火中损失。李清照在《金石录后序》中谈及此事，痛苦万分。欧阳辅棠在《集古求真》绪言中记："不意兵祸猝发，溃卒肆劫。初抢金钱，次掠衣物，又次则碑帖书画，尽为沙叱利所擅。残剩书籍，践污不堪。回家检视，真可为痛哭流涕长太息。"战争对个人的收藏，对收藏家的藏品的破坏就是这样残酷无情。

中国历代公私都有大量的图书收藏，这些藏书在战争中屡遭劫难，损失惨重。清代乾隆时期编修的《四库全书》，当时在南北七阁共保存了 7 套。存于圆明园文源阁的一套，1860 年被英法联军烧毁；存于镇江文宗阁、扬州文汇阁的两套在太平天国时期的战争中被毁。明代范钦所建的天一阁，藏书多达 7 万卷以上，但经过了明末的战乱、鸦片战争、太平天国战争和辛亥革命后，至 1949 年只剩下 1.3 万余卷。成书于明永乐五年（1407 年）的《永乐大典》，共 27877 卷，目录 60 卷，是中国古代文献之大成，为世界文化之林无与伦比的巨型类书。它虽在清代初期、中期散失了少部分，但大部分尚存。不幸的是，1900 年八国联军入侵北京时，《永乐大典》绝大部分焚于兵火，其会的或被侵略者用做薪柴、垫马厩，或被打成捆做支垫枪炮的"沙袋"，或被作为"战利品"劫掠回国。至今在世界各地只存有 800 卷。这是中国文化史，也是世界文化史上的极大损失。

中国历代书画在战争中的毁损更为严重。第一次大的损失在汉末董卓之乱时，汉献帝刘协西迁，内府所藏的"图画缣帛，军人皆取为帷囊。所收而西，七十余乘，遇雨道艰，半皆遗弃"。西晋末年，刘曜攻入洛阳后，晋皇室所藏书画精品，几乎全部毁散。而梁元帝萧绎在西魏军围困江陵时，"乃聚名画法书及典籍二十四万卷，遣后阁舍人高善宝焚之"。这样多的名贵书画被付之一炬，难怪后人斥为："史籍已来，未之有也。溥天之下，斯文尽丧。"唐代安禄山之乱，玄宗逃四川，皇室所藏书画毁坏、损失不计其数，不少名画流入民间。至宋代，从《宣和书谱》、《宣和画谱》可知，宋徽宗宣和时期内府收藏名书画极富。钦宗靖康二年（1127 年），金人攻入汴京，北宋亡，这些书画俱毁损散失。这是中国书画史上的又一次大劫难。南宋、明朝灭亡时，又不知有多少名贵书画毁于兵燹。

中国人刻骨铭心的记忆，莫过于近代史上外国侵略者英法联军对北京圆明园所藏无数历代珍宝野蛮的大劫掠、大破坏。北京圆明园从清康熙四十八年（1709 年）至乾隆三十七年（1772 年）初建成，又经嘉庆、道光、咸丰诸朝的修建，历时 150 余年，集中了中西建筑和园林艺术的精华，是当时世界上最大最豪华的皇家园林，堪称"万园之园"。园内藏有无数极为珍贵的国宝、历史文物和《四库全书》等典籍，是一座罕见的文化艺术宝库。咸丰十年（1860 年）十月六日、七日，法英侵略军先后闯进圆明园，对园内珍宝开始进行大规模劫掠。法军司令孟长邦函告法外务大臣说："……先取在艺术及考古上最有价值之物品。予行将以法国极罕见之物由阁下以奉献皇帝陛下，而藏之于法国博物院。"英国司令格兰特也"派军官竭力收集应属于英之物件"。英法侵略者为了抢夺财宝，互相殴打，大肆破坏，恶狼般地吞噬着园中的金银财宝和文化艺术珍品。带不走的东西，被他们全部捣碎，遭到毁坏的精品不计其数。更严重的是十月十八日，英军头目额尔金、格兰特下令英军纵火烧毁圆明园。大火三昼夜不熄，全园付之一炬。这座举世无双的园林杰作和园中所藏的无数中外罕有的文化艺术宝藏就这样在侵略战争中被毁灭了。这不但是中国皇家收藏无法估量的损失，也是世界文化艺术史上的巨大损失。

近代，内乱外患所造成的历代名书画的损失、流散，难以一一描述，总之，一部中国书画史，就是一部中国历代名书画的聚散史。每一次战乱，都是对中国历代书画藏品的极大破坏。

✑ 战争促进收藏

战争对收藏的破坏是非常严重的，但从另一个角度分析，战争也促进了收藏。因为，在战争中，人们为了保护历代文物或个人的藏品，经常是把这些珍品更深、更严密地隐藏起来，使它们能较好地保存、较完整地流传于后世。

陕西的岐山、扶风一带，史称周原。周文王的祖父古公亶父率众由豳迁于此，营筑城郭，成为周人早期的都邑。后来，文王、武王迁都于丰、镐，但这里仍然是西周的重要政治中心。考古发掘证明，周原对于周人，就如同河南安阳小屯的殷墟对殷人一样，同等重要。这里有周代大型的建筑遗址，其中出土了1.7万多片西周甲骨，有近200片甲骨上刻有西周甲骨文。这里有数量众多的西周墓葬，随葬物品也很丰富。而更引人注目的是周原地区有很多重要的西周铜器窖藏，出土了众多珍贵的西周青铜器，其中一些有铭青铜器，对今天的西周历史研究起到了很大的推动作用。仅新中国成立以后发现的西周铜器窖藏就有：

1960年冬在扶风齐家村发现的窖藏，出土铜器39件，包括几父壶等有铭铜器28件。

1960年在扶风召陈村发现的窖藏，出土铜器19件，包括散伯车父壶等有铭铜器14件。

1974年冬在扶风张家村发现的窖藏，出土铜器7件，其中的师𬭚鼎高85厘米，有铭文197字。

1975年初在岐山董家村发现的窖藏，出土铜器37件，而有铭文者30件。其中的裘卫四器长篇铭文，是研究西周中期土地交换的极其重要的资料。𬯎匜铭文反映了西周晚期的诉讼、刑罚等情况，是研究古代法律史的重要资料。

1976年冬在扶风发现的微史家族铜器窖藏，出土铜器103件，是窖藏出土铜器最多的一次，有铭文者74件。其中的墙盘有铭文284字，是新中国成立以来出土殷周铜器中铭文最长者，它记录了西周前期六个周王的业绩，有极高的史料价值。

1978年5月在扶风齐村发现的窖藏，出土了周厉王所做的大型青铜器䐪簋，有铭文124字，它是已知的最大青铜簋，高59厘米，口径43厘米。

所有这些窖藏青铜器，几乎包括了西周铜器的所有器型，很多是精美绝伦的国宝。这些铜器的铭文对研究西周历史有极高的价值。它们的铸造年代，包括了西周的早、中、晚三个时期。特别是每个窖藏都包含有西周晚期的器物，因此，它们的埋藏年代只能是西周晚期。这就说明，这些窖藏铜器是周厉王国人之乱或周幽王犬戎入侵时，西周贵族为避战乱，仓皇出走，而将他们的这些贵重收藏埋入地下的。可以想象，如果不是因为战乱把铜器埋入地下，那必然会在战乱中损坏或流失。如果没有这战乱，这些铜器未必就能一代一代传至今天。

新中国成立以来，在全国各地经常发现窖藏的古代金属钱币，其中最突出的是东周钱币的窖藏和宋代钱币的窖藏，而这两个时期同样也是战争不断，社会动乱。东周是我国金属铸币的第一次大发展时期，钱币的形式有布币、刀币和圆孔圜钱、楚国金鋈等。整个东周时期，各国兼并，战争不断。有钱的贵族在战乱逃跑时，携带大量金属铸币，很不方便，于是纷纷深埋窖藏起来。每次战争过后，窖藏的主人或在战乱中死亡，或流落他乡，使这些窖藏钱币一直保藏到今天。1970年代在洛阳附近发现的两处钱币窖藏，都是整齐地盛放在陶瓷等器物中，仅伊川所出就有 753 枚空首布，可以看出是有意收藏的。20 世纪五六十年代在今山西、内蒙古等地也发现了多处东周赵国布币的窖藏，仅山西阳高县天桥村一处发现的就达 13000 枚。在山西芮城出土的窖藏韩、魏布币，一处也有 460 余枚。在北京呼家楼出土的窖藏燕国明刀有 3884 枚。而在河北沧县肖家楼出土的明刀钱就更多了，达 10399 枚。在山东曲阜董大村地下的一个陶瓷中出土了楚国的蚁鼻钱有 15998 枚。这些都是东周时战争造成的钱币收藏。

宋代城市经济发展很快，钱币铸造数量很大。现在发现的窖藏宋代钱币也最多，常是一窖藏就出土几百斤、几千斤。经研究发现，这些窖藏宋代钱币，大多数是北宋钱币，而且多数窖藏钱币的下限是北宋的"政和"、"宣和"钱，这是宋徽宗所铸钱币。虽然以后尚有宋钦宗铸的"靖康"钱，但因金人南侵，国势衰微，铸钱极少，流传下来的非常罕见。这些窖藏宋代钱币的下限，有力地说明了北宋末年金人南侵，致使大量钱币在战乱中埋藏在地下，得以保藏至今，其总数估计可达几百吨。

由于战争因素而造成的重大和宝贵的收藏大概莫过于敦煌莫高窟藏经洞的收藏了。1900 年敦煌莫高窟下寺住持道士王圆箓，因偶然的机会，在第 16 号洞窟甬道的北墙上发现了一个"藏经洞"（现称 17 号窟）。洞内藏有从三国至宋代近十个朝代的五六万件历史文物。在这个文物宝库中，有佛、儒、道教和其他宗教的经卷；有经、史、子、集、诗词、曲赋和通俗文学抄本；有地志、水经、历书、星图、医药、数学、纺织、酿造、棋经等资料；还有契约、账簿、户籍、信札等；也有绘画、碑帖、佛像、刺绣、丝织品；还存有唐、五代、宋的印刷品。所有这些是用汉文、藏文、回鹘、康居、于阗、龟兹、突厥、粟特、梵文等多种文字写成，是了解和研究我国北朝至宋社会生活各个方面的极珍贵罕见的资料。这一发现，和当时安阳殷墟甲骨文的发现一样，被认为是中国文化史，乃至世界文明史在20世纪的最重大发现，并由此在世界学术史上产生了一门新的显学——敦煌学。

是什么原因使这样多的珍贵文书、经卷、史料封存于洞窟中，得以收藏保存至今呢？学者们的推测有多种。有人据藏经洞发现的资料推断，是宋时西夏之乱造成的；也有人认为和伊斯兰教东传有关。10世纪末11世纪初，新疆哈拉汗王东进，占领佛教中心之一于阗后，大肆破坏佛教艺术，并继续东进。宋绍圣年间，他们向宋朝提出要出兵攻打西夏，这一消息引起佛教徒的恐慌，因而采取了封藏经卷的保护措施。不论哪一种推断是最准确的，总之是因为下寺的僧人惧怕战乱对他们本人的伤害和对这些寺中保藏的珍贵历史文物、佛教经卷的毁坏，而将这大量宝物藏于下寺石窟北面的一个大洞内，然后封闭洞口，外面涂泥，再加粉画。至战乱来时，僧人均逃避他乡，一去不回，藏有宝物的洞窟秘密，一直到1900年才被王道士偶然发现。战争就是这样使这些稀世之宝从宋代一直收藏到近代，交到了20世纪人们的手中，为世界文明史流传下一大批珍贵的收藏。

战争促使人们对宝物的收藏和保护，是屡见不鲜的。1932 年李根源先生用两千银元从洛阳邙山盗墓者和商人手中购得唐代墓志石 93 方，将其运回苏州老家，建"曲石精庐藏唐志室"。1937 年侵华日军迫近苏州，李根源恐家藏唐志沦于敌手，便连夜装船运至其先祖母葬所小王山，沉入山前关帝庙水池中，使这批墓志得以保存下来，后交给了国家。如不是李先生的运藏转移，恐怕这批墓志或毁于战火，或流入东洋。

中国不少重要的青铜器，在出土传世的过程中，有许多是依靠收藏人在战争时期的多方保护、秘密收藏，才完好地传至今天的。西周重器大盂鼎，高 101.9 厘米，上有铭文 291 字，是研究奴隶制度的重要史料。道光年间出土后，辗转多家，最后被潘祖荫所收藏。大克鼎高 93 厘米，有铭文 290 字，同样是研究西周奴隶制的重器，也为潘祖荫所收得。潘家后人为保藏这两件宝物，费尽心思。特别是在 1937 年苏州沦陷后，为防不测，潘祖荫的孙媳潘达将两器深埋于地下。后日本占领军每天都到潘家来搜寻宝物，终没有得手。1951 年，潘老太太将这两件宝物捐献给国家。

类似这样在战争中收藏宝物的，还有清刘铭传和他的后人。在太平天国战争时期，刘铭传于常州马圈中发现西周重器虢季子白盘，运回合肥老家收藏。抗日战争时，刘的后人刘肃同样是将其深埋于一丈多的地下，才躲过了日军的抢夺，也躲过了后来国民党军队的要挟，终于在 1950 年将它献给了国家。我国最大

的商周青铜礼器，重 875 公斤的商司母戊大方鼎，在
抗日战争时期被发现后，也是有赖于安阳人民的巧妙
保护，深藏地下，才得以收藏于国内至今。

战争对收藏的破坏是无情的，但人们对宝物是有
情的。战争更使人们对宝物加强保护，从这个意义上
来讲，战争促进了收藏。

𝟑 战争导致收藏品的转移和流散

古代战争中，无论哪一方在侵犯和占领异地后，
必然要劫掠财产宝物，造成收藏物的转移；随军携带
的重物，也会在战争中流落转移他乡。在战争中，为
了防止敌方对本方贵重物品的抢掠破坏，人们也被迫
进行收藏物的转移。而每一次战争不可避免地造成收
藏品向民间流散，甚至向海外流失。

清光绪年间，河北涞水县张家洼曾出土铜器十余
件，上均有"北白"字样，推测此地即为西周时邶国
所在地。1961 年在湖北江陵万城的一座西周墓中发现
铜器 17 件，其中一些铜器上有"北子"字样。西周时
期的爵位排列为公、侯、伯、子、男，"北子"应是
"北白（伯）"的后人。而江陵古时为荆楚之地，"北
子"铜器出土于江陵，只能是和西周前期征伐荆楚有
关。"北子"一支随同征伐荆楚，来到南方，死后葬于
荆楚之地，所带有铭青铜器入葬，保藏至今。战争使
北方的青铜器转移至南方，藏于地下。

国宝石鼓是战国时期秦国的石刻，唐初在陕西天

兴（今宝鸡）三畤原出土。其上所刻文字是中国最早的石刻文字。石鼓从发现地先后迁至凤翔、北宋都城汴京（开封）。金人攻入汴京，又将石鼓迁到金代都城中都（北京）。元、明、清三代，石鼓一直在北京国子监内。抗日战争爆发前，石鼓又随北京故宫的古物一起迁往南方，辗转于贵州、四川，抗战胜利后才又回到北京，现藏于北京故宫博物院。这10个鼓形的石刻，体大而重，迁移起来困难重重，但为了防止它被掠夺，这些珍贵的国宝收藏品，在战争中被迫转移来转移去。

另如安徽寿县朱家集出土的楚国青铜器，经国民党官兵的三次劫掠后还剩有楚大鼎等700多件，在抗日战争中也和石鼓等一样南迁，先由收藏地安徽省图书馆装箱运往四川，而后又移存重庆瑞典人安特生的住宅，再又转运乐山，刚运出10公里，安宅就被日机炸毁。抗战胜利后，这些青铜重器于1948年运回南京，1953年终于运回合肥。楚大鼎高113厘米，重400多公斤，是仅次于司母戊大方鼎的大鼎。虽在战争中历经磨难，但终究保存了下来。它也和石鼓一样，由于体积庞大，在多次的转移中造成了损伤。

为了防止战争对收藏的破坏，收藏家们被迫将收藏品人为地转移。金人入侵后，赵明诚、李清照夫妇不得不将自己收藏的宝物南迁。后李清照在南方辗转的迁移中，所藏宝物大多数都散失了。这种在战争中个人收藏品较大规模的转移，必然会造成惨重的损失。

在中国近代史上有两次规模极大的国宝转移。一次是抗日战争期间，前故宫博物院收藏宝物的南迁；

一次是解放战争后期国民党政府将北京故宫博物院和南京故宫博物院分院、中央博物院所藏的历代文物珍品迁往台北。抗日战争前的 1933 年春，装箱运走的古物计有：故宫博物院的古物，包括明清档案，共 20 万件；古物陈列所的古物 5 万件。在抗日战争中，这批古物一直藏于四川和贵州、云南等地。这些南迁的古物，抗战胜利后大部分都没有回到北京，而是转移到了国民党政权的首都南京，藏于南京故宫博物院分院和中央博物院。1948 年秋，当人民解放军解放东北全境，淮海战役正在进行时，国民党政府已是四面楚歌。蒋介石不顾众多文化界人士的反对，悍然将南京故宫博物院分院、中央博物院和北京故宫博物院的文物珍品，连同中央图书馆、北平图书馆的善本图书，分三批运往台湾，共计 5522 箱。此举对绝大多数中国人来说，无疑是一大憾事，对中国历史和学术文化的研究，都造成了非常困难的局面。

近代外国殖民者对中国发动的侵略战争，造成中国大量珍宝的外流。1860 年，英法联军侵入北京，圆明园各宫殿里的书画精品、金银珠宝、图书典籍等稀世之物，被英法军队囊括而去。这种国宝收藏的大规模劫夺外流，是中国收藏史上的空前劫难。1900 年侵占北京的八国联军劫掠的重点也是皇宫收藏的书画、珍宝、典籍和古玩。历经两次大浩劫，如晋顾恺之《女史箴图》等珍贵名画，明《永乐大典》等很多书卷，都成为英、法、德、美、俄、日等国家博物馆和私人的收藏。北京古观象台上 10 大青铜观天仪，也是侵略者劫夺的重要目标。1900 年八国联军攻占北京后，观天仪被德、法侵略者瓜分。后因中国的强烈要求和国际舆论的压力，法、德才分别于 1902 和 1921 年归还中国。然而，绝大多数在战争中被掠夺的中国收藏品，至今仍存放在西方的博物馆中。

4 战争物品的收藏

有关战争物品的收藏，主要有以下几种。

盟书。中国古代常有盟誓，春秋时期尤其盛行。当时的诸侯或卿大夫为加强内部团结，共同打击敌对势力，经常举行一种具有约束力的仪式，立下盟誓，并记录下来，形成盟书。1942 年在河南北部曾发现晋国的盟书。1965 年在山西侯马盟誓遗址发掘出大批赵氏宗族的盟书。这些盟书的主盟人是谁，研究者众说不一。有人认为是赵桓子，有人说是赵鞅。不论是谁，这批盟书的出土地正在赵鞅和范氏、中行氏战争最激烈的地区。盟书是用朱笔写在圭形的玉石片上，长度在 18～32 厘米之间，共有 5000 余片。内容多是共同誓约，效忠盟主，一致诛讨外部敌人。这些写有文辞的盟书，都埋藏于长方形的竖坑内。埋藏坑多达 400余个，这说明盟誓次数极多。这些不愿毁掉而埋藏于地下的盟书，反映了三家分晋前的社会变动。类似这样的盟书埋藏，在我国许多地方均不止一次地被发现。

兵器。战争需要武器。每一个参加战争的人手中必有兵器。即使战争过后，那些参加过战争的人也往

往会收藏一两件兵器，或作为纪念，或用来防身。而
那些统兵打仗的军官将帅和贵族对收藏兵器更感兴趣。
兵器对他们而言既是实用武器，又是可供欣赏的战利
品或工艺品。一般习武之人对兵器有特殊的喜好，正
所谓"不惜千金买宝刀"。汉代画像石中，常见贵族的
宅屋中有储藏兵器之室，架上间隔有序地横排放着刀
剑之类的兵器。

　　商周秦汉墓葬出土的兵器样式精美，有的上面没
有一点腐蚀的铜锈，仍然锋利无比，也足见人们对兵
器的爱惜程度。出土和发现的春秋时期的吴王夫差剑、
越王勾践剑，不但锋利，而且精美绝伦，上面用错金
工艺，嵌有金黄的鸟虫篆文，堪称国宝。1980 年，四
川成都北的新都发现一座战国中期的大墓，在椁下的
腰坑中出土了大量铜器和兵器，组合非常规整。其中
兵器均是每种每式五件，有中原式铜剑，巴蜀式铜剑，
巴蜀式戈、矛、钺等。据推测，能有如此规模"收藏"
者，可能是一位统军打仗的大首领。

　　在北京的故宫和沈阳的故宫中，有清代皇室佩带
和使用的武器。北京故宫所藏武器多以彩色宝石镶嵌，
工艺精美。这些武器并不是为了实际使用，只是为了
佩带，是一种威武高贵的皇权象征而已，故多作宝刀
宝物收藏。沈阳故宫所藏武器种类极多，组合整齐，
制作规范，钢刃锋利，且有的武器有使用过的痕迹，
这说明沈阳故宫所藏皇室武器，比北京更具实用性。
满族以骁勇善战而闻名，故清皇室比宋、明汉人皇帝
更重视武器，也必然会有更多的武器收藏。

81

5 战争与收藏家

战争对收藏有破坏和促进两方面的作用。战争对收藏家也是考验和锤炼。在战争中，有卖国求荣的收藏家，他们虽收藏甚富，但不受人尊重；有在战争中损失惨重的收藏家，多年的精心收藏毁于一旦；有举家携物，东躲西藏，备受煎熬的收藏家；也有意志坚定，多方设法保护国家和个人的重要收藏的收藏家；还有不畏强暴，挺身而出，为国捐躯的收藏家。

总的来看，遭受战乱是收藏家最大的不幸，如清末收藏家王懿荣，《清史稿》说他"泛涉书史，嗜金石。翁同龢、潘祖荫并称其博学"。《王敏公年谱》记他："性嗜古，凡书籍字画，三代以来之铜器、印章、泉货、残石、片瓦，无不珍藏而秘玩之。钩稽年代，补证经史。搜先达所未闻，前贤所未解。"王懿荣是最先发现甲骨文的人之一，可谓是高层次的收藏大家。他热爱祖国，甲午之战，反对议和，请缨杀敌。他曾珍藏明代抗倭名将戚继光所用的宝刀。光绪二十六年（1900 年），八国联军兵临北京。五月，王懿荣被任命为京师团练大臣，全心率众抗敌。七月二十一日，侵略军攻入东安门。王懿荣见乱兵塞道，人心惶恐，知事不可为，遂对家里人说："吾义不可苟生！"吞金自杀，不死；再服药，仍不死；最后题绝命词于壁，带了继室谢氏，长媳张氏，从容投井殉国，享年 56 岁。

在收藏史上，有不少收藏家同时又是统帅兵马的将帅。商代武丁之妻妇好就是一个典型人物。从卜辞（库130）我们可知，妇好在征伐羌方的战争中，统率1.5万人的庞大军队，可谓是一个显赫的重要人物。从妇好墓中出土的大量器物，可以看出她的收藏之富。随葬品的总数达1928件，都是异常精美之物。对于一个统兵打仗的人，必然对兵器十分爱好。妇好墓出土了青铜兵器130余件，其中有重9公斤、长达39.5厘米的大铜钺。妇好不仅是一位统兵的女帅，同时又是一位收藏家。

　　战争与收藏的关系是多方面的，以上所谈只是几个方面而已。

六　丧葬与收藏

🌀 "厚葬富藏，器用如生人"

从字义上讲，葬与藏就有一定的关联。《吕氏春秋》说："葬也者，藏也，慈亲孝子之所慎也。……葬不可不藏也。"此处"葬"的含义即为妥帖收藏死者的肌骨，使其无暴露并高低适宜，以避禽兽及水浸之患。这便是源于古代的丧葬礼俗之一。

古人出于灵魂不死的观念，在安葬死人时，连死者生前所用之物及心爱之物也要随同陪葬，使死者生前之收藏在死后仍可尽享。以厚葬闻名于世的古代中国，地下收藏之丰富，品类之珍奇，风俗延绵之长久，在世界文明古国中，可谓绝无仅有。

收藏与丧葬的关系不仅受中国古代丧葬礼俗变更的影响，还受不同时期的政治、经济、文化所左右，但不管如何，两者总是形影相随，共长互消。简言之：厚葬富藏，薄葬少藏。在中国历史上，厚葬之风长期占主导地位，地下收藏之繁复也可以想见了。

以敬鬼事神和崇拜祖先而出名的夏商，掀开了中国历史上的厚葬序幕。他们相信其祖先的灵魂存世不灭，这种观念直接导致了厚葬风气的盛行。其中与收藏有关的便是大量昂贵的青铜器被埋藏于墓中，同时也随葬玉器、骨角器、海贝等。殷墟商王大墓出土有形制巨大的牛方鼎、鹿方鼎，成批的青铜盉，成捆的戈矛等。至周初，厚葬风气仍然浓厚，直到西周中期以后，厚葬风气才有所减缓。随葬品已减少，并以铜器组合代表死者的身份，出现了列鼎尚礼的丧葬收藏文化。

综观夏商周三代的丧葬收藏，因其已从石器时代进入青铜时代（有的学者认为其间还有玉文化时代），与当时社会经济发展相适应，以天然物再经人工雕琢的石器、骨角器、玉器等工具和装饰品，以及完全人工制作的陶器、青铜器等实用器皿和礼器成为主要的随葬品，其中尤以玉器和青铜器更能体现三代的特征。

西周中期至战国为我国历史上第一次相对薄葬期，但春秋期间略有回升趋势。由于社会的深刻变革，各国诸侯、大夫不断在丧葬及其他方面超规越礼，以显示其强大和富有。《礼记·礼器》载："礼有以多为贵者"；"有以大为贵者，宫室之量，器皿之度，棺椁之厚，丘封之大，此以大为贵。"也由于当时社会生产力的发展及手工业的发达，一些贵族墓藏中的收藏，无论在种类，还是在数量、质量上，都达到了空前的程度。如楚令尹墓随葬了鼎、编钟、编磬等150余件重器，以及5000余件装饰品。一个小曾国的诸侯，其墓中竟收藏着乐器、青铜礼器、兵器、金器、玉器、漆器、竹器和竹简7000多件。那些地位高得多的大国之君，其厚葬规模只能有增无减。丧葬逾礼在平民墓中也有体现，随葬陶制礼器已相当普遍，以致不久便取代了日用陶器。

秦汉400年进入我国第二次厚葬高潮。秦始皇为修建陵园，耗时达30余年之久。据《史记·秦始皇本纪》记载，皇陵"穿三泉，下铜而致椁，宫观百官奇器珍怪徙藏满之"。从气势宏伟的兵马俑、富丽堂皇的铜车马中，我们不难设想其墓室内的富丽堂皇。汉代帝王之厚藏也是如此。据《晋书·索琳传》载："汉天子即位一年而为陵，天下贡献三分之，一供宗庙，一供宾客，一充山陵。"即每年全国贡献的三分之一为营建皇陵之费。汉武帝执政54年，陵墓资费之浩繁使人惊叹，其中所藏之珍宝，更令人瞠目结舌。据《汉书·贡禹传》载，陵中"多藏金钱财物，鸟兽鱼鳖牛马虎豹生禽，凡百九十物，尽瘗藏之"。汉武帝生前不断将珍奇宝物收藏于陵中，及至他死时，陵中已没有可再放置东西的地方了。

据文献记载，汉文帝以节俭著称，他主张随葬器物不以金、银、铜、锡为饰，而专用瓦器。后其陵被盗，盗墓者依然多获珍宝。上行下效，无论是京师的皇戚权贵，还是地方上的中小官吏，其墓藏均"厚资多藏，器用如生人"。庶民百姓也无不受厚葬风气之习染，"死以奢侈相高，虽无哀戚之心，而厚藏重币者，则称以为孝，显名立于世，光荣着于俗，故黎民相慕效，以至发屋卖业"。甚至有不惜倾家荡产为死者厚葬，以博取"孝子"的美名。

汉代的"厚资多藏，器用如生人"观念，使墓葬收藏应有尽有，完全是当时人生前生活的再现，这一点从墓葬中食物、酒和生活用具的丰盛上得到更明显的体现。如满城西汉中山靖王刘胜夫妻墓中的藏酒，估计当时共达5000多公斤，美味佳肴更是品类繁多，不胜枚举。

秦汉大规模的厚葬之风使地下宝藏之丰盛冠绝古今。归结起来，主要是受以下几个原因的影响：一是当时社会经济发展水平的提高；二是当时"厚资多藏"的思想文化背景；三是流传已久的灵魂不死、祖先崇拜的观念及当时盛行的阴阳五行、谶纬迷信、神仙方术的影响；四是儒家"孝道"观念的推行等。

三国魏晋南北朝时，中国又进入了相对薄葬期，但厚葬富藏现象也未完全消失。如三国时的吴末帝孙皓宠爱的左夫人亡妆，"以金银珍玩之物送葬，不可算计"，其墓葬收藏与汉代比毫不逊色。此时期的薄葬观也同样引人注目，曹操便是主张薄葬的一位代表。他在生前所作的遗诏中说："敛以时服，无藏金玉珍宝。"《晋书·礼志中》也记载："魏武以礼送终之制，袭称之数，繁而无益，俗又过之，豫自制送终衣服四箧，题识其上，春秋冬夏，日有不讳，随是以敛，金珥珠玉铜铁之物，一不得送。文帝遵奉，无所增加。……汉明器甚多，自是皆省矣。"曹操的薄葬少藏言行对其子魏文帝曹丕产生很大影响。据《三国志·魏书·文帝记》载，曹丕对自己的身后之事也做了妥善安排：

"夫葬也者，藏也，欲人之不得见也。……为棺椁足以朽骨，衣衾足以朽肉而已。故吾营此丘墟不食之地，欲使易代之后不知其处。无施苇炭，无藏金银铜铁，一以瓦器，合古涂车、刍灵之义。棺但漆际会三过，饭含无以珠玉，无施珠襦玉匣，诸愚俗之义。"上行下效，致使曹魏墓收藏甚少。晋袭曹魏之风，上下均以薄葬为尚。

魏晋南北朝之所以实行薄葬少藏，自有其多重原因，如社会动荡不安、战乱频繁，使人无暇顾及身后之事，而且长期战乱也使社会经济遭到严重破坏，整个社会缺乏厚葬富藏的经济实力；佛教传入中国并在当时盛行，以及少数民族入主中原，难免不对当时的丧葬礼俗产生影响。更重要的是，"无不亡之国，无不发之墓"，历代长盛不衰的盗墓之风，迫使明智之人不得不采取薄葬之举。

隋唐时国家统一，社会安定，经济繁荣，遂又进入厚葬富藏历史阶段。唐太宗表面上主张薄葬，其目的是使"奸盗息心"，免遭"汉氏诸陵无不发掘，乃烧取玉匣，金缕骸骨并尽"之难，而实际上，其昭陵建筑宏伟，收藏丰富。据《新五代史·温韬传》载："宫室制度闳丽，不异人间。中为正寝，东西厢列石床，床上石函中为铁匣，悉藏前世图书。"相传，太宗最为珍爱的王羲之《兰亭序》墨迹就收藏在铁匣之中。唐高宗临死前，曾遗言把他生前所喜爱的书籍、笔迹埋藏于墓内。在帝王的带动下，全国上下大兴厚葬之举。太极元年（712 年），左司郎中唐绍上疏曰："近者王公百官，竟为厚葬，偶人像马，雕饰如生，徒以炫耀路人，本不因心致礼。更相扇慕，破产倾资，风俗流行，遂下兼士庶。"统治者因此三番五次下令禁厚葬，但却始终不能见效。

宋元明清，中国传统的"灵魂不灭"观仍左右着人们的心灵，因而厚葬之风一直不断，甚至某些地区丧葬侈靡程度超过婚嫁之礼。如山东淄川县"丧葬则专事繁华"，新城县"薄婚娶，而厚于丧礼"，蒙阴县"婚姻不论财，祭葬必竭力"；福建泉州"丧祭以俭薄为耻"，漳州"亲旧之葬，或设祖祭，数月营办，务求珍异，不计财费"。此时墓葬收藏的显著特点是：帝王权贵的随葬品与汉唐比呈减少趋势，但民间百姓之随葬品，无论是数量还是质量，均超过汉唐。仅此即可反映出，自宋以后，鬼神迷信和儒家孝道观念经过上千年的传播、习染，早已深入人心。

综观中国丧葬礼俗发展史，尽管厚葬、薄葬穿插而行，丧葬收藏也同时富寡相间，但这仅仅是相对而言，从总体上看，厚葬富藏的传统一直未曾中断。

"土古"之传世与收藏

中国古玩收藏中有两个重要术语，即土古和传世古。前者指出土的古器物，后者指未经过土埋而一直在世间流传的古器物。还有所谓"重出土"者，即出土后又被埋入土中再出土。其中被称作"土古"的，百分之八九十是由于随葬而被埋入地下的。土古也即丧葬收藏之古器物，其面世途径主要为盗墓和考古挖掘。科学考古在近代才在我国出现，故在古代，盗墓乃是使殉葬宝物流传于世的重要途径。

《吕氏春秋》中说："无不亡之国，无不发之墓。"在盛行厚葬富藏的古代中国尤其如此。殷墟商王大墓，除妇好墓保存完好外，其余均被多次盗掘，墓中珍宝已大多散失。根据当时"大墓无不抇"的社会现实，《吕氏春秋》着重分析了厚葬富藏与盗墓间的必然联系，从而主张薄葬。书中说："国弥大，家弥富，葬弥厚。含珠鳞施，玩好货宝，钟鼎壶鉴，舆马衣被戈剑，不可胜其数。诸养生之具，无不从者。"而这种做法无异于一座标志有埋葬大量珍宝的墓铭一般，引诱人们去盗坟掘墓。"今有人于此，为石铭置之垄上，曰：'此其中之物，具珠玉、玩好、财物、宝器甚多，不可不抇，抇之必大富，世世乘车食肉。'人必相与笑之，以为大惑。世世厚葬也，有似于此。"

为了免遭盗掘，历代帝王陵墓均以固若金汤著称，但仍难逃盗掘之难。《水经注》记载，秦始皇葬后三年，"项羽入关发之，以三十万人，三十日运物不能穷。关东盗贼销椁取铜，牧人寻羊烧之，火延九十日不能灭"。汉代陵墓也难逃厄运。初平二年（191 年），董卓率军入洛阳，"开文陵，卓悉取藏中珍物"，又"使吕布发诸帝陵及公卿以下冢墓，收其珍宝"。此后，盗墓之事有增无减，甚至以薄葬闻名的曹操生前也干过盗墓掘坟之事。于是时人发出了"自丧乱以来，故墓无不发掘，皆由厚葬也"的感叹。真所谓"葬愈厚",则"发掘必速"。为免遭盗墓之灾,有人在墓碑上刻云:"白楸之棺,易朽之裳,铜铁不入,丹器不藏。嗟夫后人,幸勿我伤。"然厚葬、盗墓历代都不曾消停,一直相延至近现代。

历代盗墓所得之奇珍异宝又通过各种途径辗转流传于世,有些又为收藏家所得。考古发掘及经过其他方式出土的古器物,则大大丰富了博物馆的收藏。现今所见的古玩,土古远远多于传世古。

🌀 明器的收藏与研究价值

墓葬中还有一项重要的收藏,即明器。明器是专门用于陪葬的器物,也称"冥器"。古代墓葬收藏中,除死者生前所用或所喜欢的器物外,还有一部分就是明器。《礼记·檀弓上》中记载:"夫明器也,鬼器也;祭器,人器也。"可见,明器是专给死者用的。历代出土明器很多,然而过去极少为收藏家或赏鉴家所注意。古代诸多金石著述,除《考古图》记有一明器陶鼎外,其他尚不多见。自近代始,收藏、研究明器才为人重视。而首开其风者,当为著名收藏研究家罗振玉先生。

1907年冬,罗振玉偶然在厂肆购得两个古俑,商贩说这是从古墓出土的。一般买古玩的多收购各种珍贵之物,唯独不要明器。此次这个商贩随意带了两个,想不到也能卖钱。罗振玉遂告诉他,凡古墓中的器物均有考古价值。第二年春天,这个商贩带来了很多明器,除俑之外,尚有伎乐、田宅、车马、杵臼、鸡狗等，罗振玉以高金酬谢。商贩得到重金后，遂在洛阳一带大肆收购，明器逐渐充斥都市。但当时中国人对明器仍不重视，外国人却争相购买，流传到国外的古明器相当可观。

富于收藏传统的中国人不重视对明器的收藏研究，大概是因为明器制作粗简，数量太多，又无太大的史料价值。但近现代人却不这样看。在他们眼里，明器不仅有收藏研究的价值，甚至还有重要的观赏、艺术价值。

《礼记》曾记载孔子的话："涂车刍灵自古有之，明器之道也。"然古代的明器远不止"涂车刍灵"，几乎包括了生活中所需用的各种器具。陈澔对《礼记·檀弓》中有关明器部分的注释颇详："先王为明器以送死者。竹器则无滕缘而不成其用；瓦器则粗质而不成其黑光之漆；木器则朴而不成其雕斲之文；琴瑟则虽长弦而不平，不可弹也；笙竽虽备具而不和，不可吹也；虽有钟磬而无悬挂之簨簴，不可击也。凡此皆不致死，亦不致生，而以有知无知之间待死者，故备物而不可用也。备物而不可用，则亦不致生，其谓之明器，羞以神明之道待之也。"

战国时期，随葬器物已具有明显的明器特征，即器物变薄，制作也比较粗劣，在秦墓中还出现了再现墓主生前生活的陶车和陶牛等模型明器，即明器多模仿日常生活器物。汉代，仿铜器的漆质、陶质明器日渐增多。又由于文帝提倡用瓦器，故瓦质明器所用日广，另陶质、木质或泥塑的车马模型等明器也较常见。

如果说西汉前期和中期贵族墓中多随葬其生前珍爱之物，那么西汉中期以后，专为随葬而制的陶质明器开始显著增多。战国后期出现的陶仓和陶灶等明器开始普遍流行，井、磨、猪圈、楼阁等模型及猪、狗、羊、鸡、鸭等偶像明器也日渐丰富。汉明器有一显著特点，即器身有几何图形的装饰，另在壶、炉一类器具上多仿铜器的色泽和图案纹饰。东汉陶制明器进一步发展，并盛行反映现实生活的成套模型明器。传统的仿铜礼器已很少见到，但时常可在墓葬中见到铜鼓、铜镜、铜钱。

魏晋南北朝的明器，上承汉代之盛，下启唐代之繁。相对而言，器具明显减少，而人俑明器渐多。在南方，瓷质明器显著增加。这一时期发达的书法和雕刻艺术在明器上也有所体现。

唐宋时期，中国明器制度已完善和定型，各品官员及庶人所用明器各有定数。唐代规定：三品以上，明器九十事，共五十舁；五品以上，明器六十事，共三十舁；九品以上，明器四十事，共十舁。

唐代明器中，人俑及动物像均极发达，最有名的便是"唐三彩"。唐三彩主要作为明器用于随葬，在西安、洛阳等地的墓葬中出土很多，如生活器皿、文房用具、建筑模型、家具以及人物和动物等，尤其是人物俑和动物俑，更以造作精细和表现真挚而著称，人马像为其精华。唐代明器可谓包罗万象，甚至比当时任何手工业艺术部门的产品都丰富。唐代既是中国明器艺术的成熟时期，同时也是中国明器开始走向衰落的时期。

唐以后明器陪葬之风依旧，然而明器制作已难达唐代之盛了。宋时盛行纸质和木质明器。如宋赵彦卫在《云麓漫钞》卷五中所述："古之明器，神明之也，今以纸为之，谓之冥器，钱曰冥财。冥之为言，本于《汉武纪》，用冥羊马，不若用明字为近古。"直至近现代，纸质明器依然盛行。木质明器难以持久，纸扎明器一烧就完，故宋以后墓葬收藏的明器，远不如唐代及唐代以前丰富。

丧葬中还有一些与收藏有关的习俗，如埋葬钱币的习俗。高承《事物纪原》卷九载："汉以来，葬者皆有瘗钱。"瘗，义为埋藏，瘗钱即冥钱，是专为死者殉葬而铸制的钱，有铜、银、锡、铅、陶、泥数种。自秦汉"半两"、"五铢"起，历代均有出土。除一些刻有"消灾"、"太平"之类钱文的冥钱外，尚有一些记年的冥钱珍品，如近代出土的辽代"清宁二年"、"大康六年"等。近现代有关瘗钱的收藏研究，也颇受人们的重视。

中国丧葬礼俗由来已久，并以厚重而著称，同时也相应积淀了一份厚重的丧葬收藏文化。人生在世，难免一死，然人生与死之收藏却变化万端，由此也可见收藏行为与人类社会发展演进息息相关。在现代，由于人们的丧葬习俗已改变了传统的土葬方式，与之相关的丧葬收藏文化也必然会发生很大的改变，但中国传统的丧葬收藏信息却会永远存在：无论是博物馆还是私人收藏，都少不了来自墓葬的珍藏。

七　帝王与收藏

位在万人之上，拥有臣民、国土及各种丰富资源的帝王，其收藏为世人望尘莫及。一般人无法收集的东西，不敢奢望的珍宝，帝王能够收藏。帝王虽是以个人的身份出现，但严格地说，帝王的收藏应属"公藏"的范围，因为帝王本身即是国家权力的象征。帝王大规模的收藏，曾创造出收藏发展史上一代奇观，但这种集中性收藏也更易于毁于一旦。帝王收藏的功过，只能由历史评说。

从历史上看，几乎没有一个帝王不爱收藏或不拥有丰厚的收藏品的，收藏是他们所热衷的一项活动。各代帝王的收藏嗜好极不相同。如殷代帝王喜青铜礼器、玉器，周武王爱动物，西汉帝王开始兴藏书、觅字画……帝王的收藏传统由此延续，并与中国的收藏发展方向相吻合。

中国历史上第一个大规模收藏图书同时又给民间藏书带来厄运的帝王应首推秦始皇。在春秋战国时，私家藏书之风已兴起，如墨子、惠施、苏秦等，都有不少藏书。秦始皇在兼并六国时，收缴了大批图籍运往咸阳宫收藏。秦始皇统一中国后，为加强统治，听从了李斯"焚书坑儒"的建议，除宫内石室的各国典籍、史官所藏《秦记》、博士官所藏诸子书外，凡儒家经典、诸子书、别国史书，一概焚之，一大批珍贵的先秦古籍随之化为灰烬。但也有一些藏书家把书籍藏匿起来，躲过了焚书的厄运，如秦代博士伏生将手头的《尚书》藏在墙壁中，孔子的九世孙孔鲋将《尚书》、《礼记》、《论语》、《孝经》等秘藏于宅壁中，直至汉代才面世。

公元前 207 年冬，项羽率军攻入关中，放火焚烧咸阳秦宫，大火三月不息，使秦代皇家珍藏一焚而光，先秦大量典籍由此失传。

汉初兴建的石渠阁、天禄阁和麒麟阁，实际就是皇家的三大图书文物馆。两汉还组织过几次大规模的征书和献书活动，使皇帝藏书规模迅速扩大。清乾隆时，曾将宫内所藏善本编成《天禄琳琅书目》，将内府所藏书画、名迹汇为《石渠宝籍》，"石渠"、"天禄"成了帝王收藏的专称。

重视对人物画像和历代绘画的保藏，也是从汉代开始的。汉武帝曾创置"秘阁"，搜求天下法书名画。此后历朝帝王均设置了购求书画的专门机构，甚至蒙古族、满族入主中原，也不能不受汉族帝王收藏风气的影响，收藏图籍书画。

魏晋南北朝的帝王收藏情况可以用"旋聚旋失"来概括。东晋是我国书画艺术灿烂的时代，出现了王羲之、顾恺之等杰出的艺术家，他们的作品自然成为当时及以后历代帝王悉心搜求的对象。元兴二年（403年），桓玄篡夺晋安帝（司马德宗）之位时，将内府收藏的书画全部掠为己有。篡位之前，桓玄早已沉迷于字画的收藏了。他经常把书画等放在身边，一旦"兵凶战危，脱有不意，当使轻而易运"。果然，当他为刘裕所败时，内府书画尽与其随载而行。

南朝宋武帝刘裕也是酷爱收藏的一代帝王。他在任东晋大将军时就已开始留意收藏。元熙二年（420年），刘裕称帝，垂手而得东晋内府的收藏，其中已包括桓玄掠走的书画名作。刘裕本人雅好绘画，在位期间不断充实库藏，蔚为可观。孝武帝刘骏也留心收集法书，虽然主要靠征集，但也不乏官宦大夫的奉献。其收藏虽多，却真赝混杂。"好读书、爱文义"的明帝刘彧即位后，一面命人清理内库旧日收藏，一面诏令寻求前废帝刘子业乱政中所散失的书画，随后又遣使到三吴、荆、湘等地搜集所佚，加上群臣们奉献，不到几个月，便"奇迹云萃"，仅王羲之父子法书便有707卷。

昇明元年（477年），萧道成弑宋顺帝刘凖，受禅为皇帝，即齐高帝，刘宋的库藏宝物自然归在他的名下。萧道成擅长品评鉴赏，他不是根据作品年代的远近论高低，而是根据作品优劣评定甲乙。

与萧道成同族的萧衍，即后来的梁武帝，也是一位酷爱法书名画的君王。他对齐内府所藏之真迹极为珍惜，同时不遗余力地搜求前人的作品。梁元帝萧绎子承父业，锐意征购访求，使内府所藏书画图籍远远

超过前代。然而灾难随之而来。先是太清二年（548
年）遭侯景之乱，内府珍藏被焚数百函。随后是北朝
西魏军攻陷江陵，他唯恐珍藏落入敌军之手，遂命侍
从将聚集数十年的浑天仪毁掉，又取古画、法帖、古
今图书 14 万卷付之一炬，悲叹道："读万卷书，尤有
今日。"欲投火与珍藏同归于尽，结果被官婢所阻。颜
之推在《观我生赋》中对这一事件评论道："人民百万
而囚虏，书史千两（辆）而烟扬，史籍以来，未之有
也。溥天之下，斯文尽丧！"此为中国收藏史上又一大
灾难。

随着隋唐盛世的到来，帝王收藏也展现出前所未
有的景观。据《隋书·经籍志》记载，隋文帝对书籍
古迹的收藏极为重视。他要求增加图书的复本量，将
大量图书贮存于洛阳宫内观文殿东西厢，东厢藏甲、
乙（经、史）两部，西厢存丙、丁（子、集）两部。
在观文殿后面建二台，"东曰妙楷台，藏自古法书；西
曰宝迹台，收古今名画"。在宫内道场，则专门收藏道
经和佛经。隋末唐初，隋朝杨氏也未躲过厄运。大业
十三年（617 年），隋炀帝巡幸江都（今扬州），东都
法书名画及御用书籍随之由运河载运，中途船只沉没，
藏品大半落水。所余之物，在隋炀帝被杀后，又被窦
建德和王世充所得。唐高祖武德五年（622 年），秦王
李世民先后灭王世充、窦建德，两都内库珍迹均归李
世民所有。当时曾派人随船护送至长安，船经三门峡
时，又遭覆灭之灾。

唐太宗李世民开创了帝王收藏之奇观。在他未登

基之前，便已留心书画收藏，尤其对王羲之的墨迹，钟爱异常。即位之后，他使久藏民间的各种真迹荟萃于内府。历史上还流传有李世民计骗《兰亭集序》的故事。相传李世民得知王羲之后裔辨才和尚手中保存着王羲之的书法真迹《兰亭集序》，他曾三次召见辨才，逼他交出真迹，但辨才矢口否认。一次一个商人投宿在辨才和尚的庙里，谈起棋琴书画，两人颇感投机。商人自称一生收藏了不少王羲之真迹，并拿出一幅给和尚欣赏。和尚看后，一种炫耀心理难以自抑，从屋梁上取出《兰亭集序》真本。以后，乘和尚不备，商人将真迹偷走。这商人原是朝廷大臣萧翼，是奉太宗皇帝之命来骗取真迹的。为奖励萧翼的取宝之功，李世民除给他加官晋爵外，还赐给他银瓶、金缕瓶、玛瑙碗各一个，内装珠宝，并赐御厩良马两匹和宝装鞍辔，另有庄室一区。对老和尚辨才，则赏给三千段锦、三千石谷。如此优厚的书画征集政策，使民间所藏法书名画不断进入帝王之手。

太宗对所藏法书名画，往往重加装裱，裱成之后以"贞观"二小印押缝，开帝王鉴藏印玺风气之先。唐太宗在中国收藏史上的另一贡献是将王羲之的真迹复制传播。唐朝何延之《兰亭记》记载："太宗初得真迹，命供拓书人赵模等，各拓数本，以赐太子以下诸王近臣，人间稀少。"

唐朝另一位重视征集收藏的帝王是唐玄宗李隆基。他即位五年（公元 716 年）便收到二王真迹 158 卷。他在位时设集贤院，负责书画征集与摹制事宜。他还下诏向民间借抄国家没有的"奇书"。唐玄宗对书画图籍的竭力搜求也导致了收藏史上的意外灾难。一些私藏名迹而未及时奏陈者，因惧获罪而私毁书画。张易之在武则天时以伪作偷换的内府真迹，在其被杀后为著名书法家薛稷所得，薛死后又归玄宗之弟李范。李范开始没有申报进献，后因畏罪将所藏全部焚毁。天宝十四年（755 年），安禄山反叛，李隆基弃藏而奔，内库所藏书法名画多被番兵掠作他用。

南唐后主李煜也雅爱收藏。975 年，宋军兵临金陵城下，李煜吩咐保仪（女官）黄氏："此皆吾所宝惜，城若不守，尔可焚之，毋使散佚。"金陵陷落时，南唐宫中书画果然被付之一炬。

宋朝帝王似乎一直保持着重视收藏的传统。宋太祖赵匡胤和太宗赵光义在统一全国时，南唐、后蜀、吴越诸国宫廷的法书名画，均作为战利品运往汴京，从唐末散佚了数百年的名迹珍品，又重新聚入赵氏帝王之手。赵光义对书画收藏尤其重视。他即位之初便"诏天下郡县搜访前哲墨迹图画"，命待诏黄居寀、高文进搜求民间图画，定品论位。端拱元年（988 年）太宗在崇文院中堂建秘阁，用于庋藏古今名迹。秘阁中除有上万卷古籍外，法书名画达数千卷之多。此后经历真宗赵恒、仁宗赵祯、神宗赵顼等 150 余年的收集，到宋徽宗赵佶时，宋朝帝王收藏已达到登峰造极的地步。

宋徽宗赵佶本人就是位书画家，而且嗜古之心颇重。他即位后进一步在民间征集，以致"秘府之藏，充牣填溢，百倍先朝"。赵佶还对皇室收藏做了大量保护和整理工作。他将宫内的旧藏重新装裱，并亲自题写画题和标签，世称"宣和装"。他命侍臣将宫内法书名画编成《宣和书谱》和《宣和画谱》两书，对藏品作者简历、品名、数量等均作简要记录。借此我们得知宣和内府所藏魏晋至北宋的法书名画为 7644 轴，其中尚不包括赵佶本人的作品及画院作品在内，如果加上后者，其收藏当不在万轴（卷）之下。

与历代帝王收藏不同之处是，赵佶大大提高了收藏品的利用价值。《画继》中记载了一次盛大的内府书画展览活动："宣和四年三月辛酉，驾（赵佶）幸秘书省，讫事，御提举厅事，再宣三公、宰执、亲王、使相、从官，观御府图画，既至，上（赵佶）起就书案徙倚观之，左右发箧出书画，公宰、亲王、使相、执政，人各赐书画两轴。"赵佶还命太监每隔 10 天，将两匣御府图轴送到画院，供学生观摩鉴赏。赵佶除庋藏古籍字画外，对金石古器也颇重视。大观初年（1107 年），王黼奉敕撰《宣和博古图》，并在宣和五年（1123 年）之后完成。该书著录了赵佶在宣和殿所藏自商至唐的铜器 839 件，集中了当时所藏青铜器的精华。皇室对收藏的重视，无疑对当时金石学的发展起了很大的推动作用。

靖康元年（1126 年），金兵攻陷汴梁，北宋灭亡，秘府宝藏大半损毁。有的为金兵掠走，有的散落民间。高宗赵构南渡建都临安后，便着手搜求从北方流散来的书画，并通过与金人的往来，交换索回部分作品，以图恢复宣和旧观，但已非易事。据杨王休《宋中兴馆阁储藏图画记》当时所藏为 1160 余轴，仅为《宣和画谱》所记之数的 1/5。高宗同徽宗一样，对所收古书画作品均重新装裱，并亲自过问其步骤程序。为了求得整齐划一，他曾下令将前代人的题记拆去，甚至连赵佶的墨迹也难免。对于这种做法，周密曾指斥为"目力苦短"。

崛起于北方的少数民族，在逐步汉化的同时，也接纳了汉族帝王的收藏传统。女真族灭北宋建立金国时，从开封掠走的法书名画并未受到太多的重视。到金章宗完颜璟时，便一反前衍，对汉族书法艺术极珍爱。凡经他欣赏过的名作，都加题签，其书体与宋徽宗赵佶相近，后人常为之混淆不清。

蒙古族势力壮大后，先得金国的全部库藏，又获南宋内府的法书名画，加上四处收纳，在元世祖忽必烈时便已奠定了元朝帝王收藏的初步基础。到文宗图帖睦尔时，元朝内府的收藏鉴赏活动达到鼎盛。文宗自幼受过良好的汉文化艺术熏陶，对收藏的嗜好，在元代帝王中尤显突出。文宗于天历二年（1329 年）建奎章阁，置书画博士。陶宗仪《辍耕录》卷六载："文宗之御奎章日，学士虞集、博士柯九思常侍从，以讨论法书名画为事。"他除了整理旧藏外，还留心访求，接受献纳。但毕竟因为连年战争，所获不抵所失，故起色不大。

与繁盛的明代私人收藏相比，明帝王收藏显得相当逊色。内府书画珍玩统归太监管理，保管疏松，且经常作为赏赐、"折俸"之物。明宣宗是赏赐御制书画最多的一个皇帝，也经常将古器珍玩颁赐皇亲国戚。隆庆、万历之际，因国库空虚，内府书画竟用来作为发给官吏的薪金。军饷不足时，内库珍品便出卖给富豪之家，致使内府宝物逐渐流散在外，但却大大充实了私家收藏。

与明朝正相反，清代帝王收藏规模大大超过前代帝王。明末清初之际，流散各地的书画已有一部分为清室收集，以后许多著名私人收藏的珍品，也陆续归入内府，至乾隆时，几乎所有存世的唐宋元明宝迹均为乾隆弘历囊括，再创中国帝王收藏的奇观。乾隆皇帝所收藏的书画大多编入《石渠宝籍》和《秘殿珠林》正、续编，计有数万件之多。乾隆收藏的青铜器和玉器也为数不少。他下令编纂的40卷《西清古鉴》，是其所藏古代青铜器的谱录，共收有周至唐代铜器1529件，其中以商周彝器为多。乾隆还以嗜玉成癖而闻名天下，清宫遗存的古代玉器，主要是由乾隆收集的。他还亲自进行古代玉器的鉴别、定级，并请雕刻高手为古玉配制木托、木匣。在乾隆的御制诗中，咏玉器的诗近800首，由此可窥乾隆对古玉的偏爱。由于乾隆帝的极力征集和不懈努力，他成为帝王中收藏古代文物的集大成者。

清代帝王的收藏品中增加了不少新项目，最突出的便是西洋钟表和各式机械玩具。康熙帝本人热心于西洋科学，对西洋钟表机械技术具有浓厚的兴趣。耶稣会士向他呈献的礼物中如有钟表或其他仪器，他便高兴地收藏起来，否则常予拒绝。

清朝历代帝王所累积的丰厚收藏也同样难免不幸。1860 年第二次鸦片战争中，英法联军将圆明园所藏珍玩洗劫毁坏一空。1900 年八国联军侵占北京，宫内所藏珍宝再遭浩劫。1911 年清帝逊位，末代皇帝溥仪将1200 余件书画精品盗运出宫，后来陆续在东北散失。中国帝王收藏便到此终结。

在上述帝王收藏中，一直未提帝王对瓷器的收藏。作为瓷器之国的国君，收藏瓷器是最自然、最便利之事，其收藏水准和规模也自然是中外帝王之最了。

帝王收藏虽建立了"公藏"的基础，但它又不完全等同于"公藏"。帝王收藏是借助国家权力由私人占有的收藏。帝王可以任意处置其收藏，或殉葬，或焚毁，或赏赐，或置之不理。收藏品仅是其无以计数的财产中的一部分。而公共收藏一般不能由私人任意处置，这大概就是帝王收藏与"公藏"的区别吧。

八　文人与收藏

　　文人收藏在中国可谓久矣，而且，在历代有关收藏的文献记载中，文人收藏所占的比重最大，内容最丰富，趣味最强，品位也最高雅。

　　文人收藏的一个最大特点在于其重视收藏的文化性、艺术性，体现出文人所特有的风雅品位。文人在中国历史上是一个非常独特的阶层，他们在社会上的地位也非常微妙，所谓"达则兼济天下，不达则独善其身"。文人对其"出入进退"的困扰忧虑使其精神备受压抑，即使终身隐居者也不免"身在江海，心存魏阙"。相对于社会底层的百姓来说，封建文人的生活相对优裕，他们急需摆脱的是精神上的重负。文人自有文人的超脱之法，"诗不能尽，溢而为书，变而为画"，并进而导致书画交流赏评和金石文玩的收藏。而且文人与收藏的因缘又随着文人阶层的发展壮大而日益巩固。

1　饱学之士富藏书

　　文人收藏是从藏书开始起步的。梁启超在研究私人藏书起源时曾说："苏秦发书，陈箧数十；墨子南游，载车甚多。可见书籍已经流行，私人藏储，颇当且便。"《庄子·天下篇》称"惠施多方，其书五车"，足见其藏书之多。

有一句歇后语颇能反映文儒雅士的藏书之貌："孔夫子搬家，尽是书。"儒家创始人孔子可称是著名的图书文献学家，同时也是依据古文献进行文物鉴定的专家。相传孔子在陈国游历时，陈惠公曾派人将一只中箭而死的鹙鸟送到孔子住处，请孔子帮助鉴定死鸟身上的箭。这只鸟是从秦惠公庭院中的大树上掉下来的，身上带着一支以楛木为杆、以石片为箭头的箭。孔子观察一番后解释道：这只鹙鸟是从遥远的北方飞来的，它带着的这支箭，是北夷肃慎国的兵器。以前周武王灭商之后，势力达到九夷、百蛮之地。为了使这些地方的国家不忘对周天子应尽的义务，每国都要将所居之地的特产货物进贡周朝。北夷肃慎国进贡的就是这种用楛木和石片制成的箭。为了表明周王朝的威德对四周方圆的影响，周武王主张长期保藏各国进贡的物品，并在物品上刻明所贡国的国名和物名，如在肃慎国进贡的箭上刻"肃慎氏贡矢"字样，然后分赐诸侯贵族收藏，也借以教育后代。按照周初的分赐制度，赐给同姓贵族的是珍宝玉器，以示内修和睦；赐给异姓贵族的是方国进贡的物品，表达勿忘对周天子臣服之意。武王克商后，虞帝舜的后代胡公受到优待，武王将长女太姬嫁给虞胡公，分封到陈国。虞胡公是异姓贵族，故所得赏赐为肃慎国的贡矢。在一通分析之后，孔子又接着说：如果陈惠公不信，可派人到旧府库房中寻找，肯定能找到这种用楛木和石片制成的箭。陈惠公听后，遂派人到旧府寻找，果然在一个方柜中找到了刻有"肃慎氏贡矢"的箭，与孔子所说完全相符。

文人由好读书而藏书，并善于利用藏书中的资料研有所得。当刘邦率大军入秦都咸阳时，诸将皆忙于瓜分府库财物，唯萧何取秦国文献、档案、图籍，并由此知天下山川险要、郡县户口，这对建立西汉王朝曾起到至为关键的作用。后萧何建议汉高祖建造"石渠阁"、"麒麟阁"、"天禄阁"，保藏入咸阳后所得图书及各地所献秘本珍籍。以后历代王朝均保持着收藏入阁的传统，可证文官萧何在中国收藏发展史上的功绩。

西汉历史学家司马迁曾负责掌管国家图书典籍、天文历算和文书档案，得观国家藏书，为治史积累了众多资料，写出了为人称誉的《史记》。以《资治通鉴》名垂后世的北宋史学家司马光，著述时参阅了龙图阁、天章阁、史馆、昭文馆、集贤院、秘阁及大量私人藏书，除正史之外，用杂史诸书凡322家，被誉为"典籍之总会，册牍之渊林"。司马光本人也藏书丰富。他居洛阳时，曾购田20亩，建"独乐园"，内藏文史书籍万余册；又置"读书堂"，辟精善图书5000卷，又得神宗赐书2400卷，以资著述。

文人不仅喜藏书，也极爱惜图书，对图书妥善保存，精心使用。每年二伏至重阳间，在天晴气朗之日，司马光便设案以曝书脑，其桌案洁净，铺以茵褥。阅书时不以空手捧书，唯恐手汗渍湿书籍。司马光藏书著述几十年，其书仍新若手未触一般。

文人也有因藏书而遭不幸的。南宋高士谈入金后为翰林，与宇文虚中均以文学称世，藏书颇多。后宇文虚中被金贵族诬为谋反，以家乡藏书为谋反证据，被捕下狱。宇文虚中反驳说："死自吾分，至于图籍，南来士大夫家家有之，如高待制士谈家，尤多于我，岂亦反耶？"高士谈遂也被处以极刑。

文人在与书为伴时亦总结出许多藏书经验。南宋史学家郑樵曾刻苦力学三十载，以知识渊博行世。他好搜奇访古，遇藏书家，必读尽所藏，自己也藏书丰厚。他总结出访求图书之八法：一即类以求，二旁类以求，三因地以求，四因家以求，五曰求之公，六曰求之私，七因人以求，八因代以求。世称"求书八法"。明进士范钦一生酷爱典籍，并据"天一生水，地六成之"的以水灭火之意，建"天一阁"以藏书。清乾隆下诏建七阁，均仿照其规格设计。

古代文人藏书还讲究世代家传。南宋陆游之父陆宰为越中三大藏书家之一，他承父藏书之志，由蜀归家时，出峡不载一物，尽买蜀书而归。他的藏书楼称"书巢"，有人问何故，他答道："吾室之内，书籍或置于架上，或陈于前，或枕藉于床，俯仰四顾，皆书也。饮食起居，病疾呻吟，悲忧愤叹，未尝不与书共俱。"其时越中藏书三家，石氏、诸葛氏藏书已散，唯陆氏藏书持恒不衰。

明范钦对所藏之书保管极严，并立下书楼开锁规矩，致使家传藏书保存长达四百余年。清末藏书家严雁峰膝下无子，在物色子嗣时，他一不挑家道，二不计容貌，公开宣称"只求保我五万卷藏书，则平生愿足"，并经常以黄宗羲的话来告诫嗣子："读书难，藏书尤难，藏之久而不散，则难之矣。"文人收藏，与其说是重视收藏本身，毋宁说更看重历代文化艺术之集结与流传。

中国史籍浩如烟海，文人穷其一生去收藏，所得不过沧海一粟，遂出现了专项收藏的文人。如言"文必秦汉，诗必盛唐"的王世贞，自称平生所购《周易》、《礼经》、《毛诗》、《左传》、《史记》、《三国志》、《唐书》之类过3000余卷，均为宋本精椠。其"藏经楼"专藏经学之书，"尔雅楼"独贮宋椠元刊，"九友斋"唯蓄宋本两汉书，为斋中第一室。王世贞的莫逆之交张应文，藏书独尊宋刻。著有《牡丹亭》的汤显祖，所藏词曲书籍尤多，至千余种。明末进士张端自幼留心保存典籍，顺治年间，将祠堂改为"福庆禅院"，后又改为"海南寺"，专储藏经，以佛藏吾多，达数万卷。清初两大藏书家梁清标（焦林）和孙承泽（北海）藏书各具特色：孙北海精于经史，清标富于子集，为世人所称道。至于文人兼佛学家杨文会，其刻经处集藏全国各地所刻佛典木板达10余万片，又从日本找到我国佛教佚书达数百种。在近现代，这种文人学有专长、藏有专长的实例更是不胜枚举。

综观中国文化发展史，凡学富四海的文人多有收藏。清学者姜绍书将著述繁富的学者均推为藏书家，称其"学海词源，博综有自，亦可见其插架之多矣"。文化越发达，文人与收藏的关系越密切。

② 文雅之士好书画

中国古代历久不衰的书画盛世与文人的生活情趣紧密相连。《真赏斋图卷》不仅是文徵明晚年的得意之作，也是古代文人学士闲适恬静和富有书卷气生活情态的展现。画卷前部是一组姿态各异的太湖石；在紫薇修竹、古桧高梧的怀抱中，有一幢草堂书屋；芳斋里，主客隔案对坐观赏书画古器，案上置青铜石玩，架阁中列古籍书画。这种"世外桃源"式的宁静生活，为历代文人所眷恋不已。

"文弱"似乎一直是中国文人的代名词，虽然在宋以前文与武不分家，但在"郁郁乎文哉"的宋代以后，社会尚"文"而轻"武"，文人收藏鉴赏书画活动也因此而愈加发达。

收藏书画从购求、鉴赏、装裱，到编目、保养，不仅事物繁杂、琐碎，又需耗费大量时间、精力和金钱，但文人们却乐此不疲。北宋书画家米芾嗜画如命，凡古今书画及古器均竭力求取，必得而后已。相传一次他在真州拜访蔡攸，在蔡处看到王羲之的《王略帖》，爱不释手，遂要求用别的画与蔡攸交换，蔡却不大乐意。此时两人正在船上，米芾说：如果不和我交换，我就跳江而死，于是"大呼，据船舷欲堕"，蔡只好同意交换。米芾因得到些晋代名人书画，遂名其室为“宝晋斋”。为了购求历代法书名画，米芾花去家中不少资财，以致生活窘困，有时银两短缺，就只好请母亲变卖首饰资助了。

由于文人的介入，书画鉴赏收藏愈益讲究美观、雅致、耐用。中国古代书画主要以丝绢或宣纸为材料，质地纤薄柔软，不易保存。开始时，书画装裱很简易，不过是在画背后托裱几层粗麻纸，也无绫锦装饰。南朝时，士大夫范晔开始自己装裱书画，开创文人装裱书画的先例。唐代文人褚遂良亲自为顾恺之《清夜游西园图》装裱，表现出高超的装裱技艺。宋朝文人对书画装裱更加讲求，其品位和造诣也非一般裱工所能企及，著名文人兼收藏家米芾便是其中最有代表性的一位。米芾不但亲自冲洗旧迹，而且，凡有残缺处，他都能一一补全，再用古绢纸重新装裱。遇到别人收藏的名迹，像苏激收藏的《兰亭》、张仲容收藏的《张曲江告身》等，也亲自装裱。其子米友仁继承家学，制定装潢法制，史称“绍兴装”。装裱对法书名画的收藏流传起到重要作用，所谓“装潢优劣，实名迹存亡系焉”。此后，书画装裱便成为文人书画收藏活动的重要组成部分，文人学士对此也更加深究细探，但像米芾般能亲自动手操作的，终归不多。

文人收藏书画细心妥帖，讲究颇多。为防止卷轴、册页受潮，每年都要晾晒，这也正合乎闲雅细致的文人的口味。凡晾画的时节、存放的位置、收画的要领、欣赏的环境、存画的柜匣，都颇有规矩。或许这也正是文人的风雅之处，以致达官贵人、富商巨贾纷纷附庸。故雅俗之分不仅在于"古玩之有无",更在于其收藏品位之高低。

3 笔墨相伴乐一生

与文人的生活情趣相匹配,文房四宝及各种文玩也是其珍惜宝爱的收藏,同时也是文人风雅的标志。

古代文人与书房的关系最密切。书房又叫文房,是文人生活情趣的中心。纸、墨、笔、砚素称文房四宝,是文人的必备之物。陆游在一首诗中表达出他对"文房四宝"的亲昵之情:"水复山重客到稀,文房四士独相依。"对于文人来说,"明窗净几,笔、砚、纸、墨皆极精良,亦一生之一乐也"。文房除有四宝之外,还有"文房清供",也就是文房中的各种陈设。南宋赵希鹄将其分为古琴、古砚、古钟鼎彝器、怪石、砚屏、笔格、水滴、古翰墨真迹、古今石刻、古画十门。正因为有了这些丰富的收藏,文房在文人心目中遂好比瑶池仙境。《洞天清集》载:"明窗净几,罗列布置,篆香居中,佳客玉立相映。时取古人妙迹以观鸟篆蜗书,奇峰远水,摩挲钟鼎,亲见商周。端研涌岩泉,焦桐鸣玉佩,不知身居人世。所谓受用清福,孰有逾此者乎!"

有关文人对文房四宝的收藏,记载颇多。

南唐徽州所产宣纸,质地"坚洁如玉,细薄光润",李煜非常喜爱,专造"澄心堂"以收藏,并还辗转流传到宋朝。欧阳修曾把它作为珍贵礼品赠梅尧臣,梅惊喜若狂，并赋诗曰："江南李氏有国日，百金不许市一枚。"其高昂价值也由此可见。

很多文人也爱墨近痴。南唐奚氏父子因制佳墨受到李煜赏识，全家被赐以国姓，李廷珪也因此入朝。据《墨志》记载：彭渊材游京师十年不归，一日骑驴而回，"以一卒挟布橐，皆斜绊其腋"。城中人前来探望，以为其中必定是金银珠宝。有人询问，渊材眉开眼笑，爽气地说："吾富可敌国矣。"待打开包裹，内为"李廷珪墨一丸，文与可竹枝，欧公《五代史》草稿一部，他无所谓"。文人墨客天天与墨砚相处，竟生出多般柔情。苏轼诗云："小窗虚幌相妩媚，令君晓梦生春红。"赵孟頫赞曰："古墨轻磨满几香，砚池新浴灿生光。"其中的滋味细腻悠长。

王羲之和柳公权都曾经亲手写"求笔帖"以求佳笔。苏轼终生爱好诸葛氏墨，并认为用诸葛笔为人生四件喜事之一。

砚不仅实用，也是文房中的观赏品，且好砚价值连城，难得寻觅。相传南唐后主李煜有一方长约尺许的歙砚，砚前刻有大小山峰36座，当中琢成砚池。该砚在宋朝时曾为米芾所得。米芾之嗜砚，还有一段有趣的故事。一次宋徽宗宣米芾进宫，令他在屏风上写《周官篇》。不大一会儿工夫，一篇龙飞凤舞的杰作展现在文武百官面前，金殿内响起一片喝彩之声。徽宗也非常欣赏，问米芾："卿如此才华，孤王封赏你何物？"米芾说："只请皇上赐给刚才写字的那方砚台。"徽宗笑道：区区小砚，拿去吧！米芾忙谢龙恩，拔腿便往书案前跑，一脚踩在自己脚上，差点摔一跤。遂后他上前抓住砚台就往怀里揣，墨汁浸满衣衫，旁人大笑不止，他却毫不在乎，高兴得一颠一颠的。徽宗见此景，不禁笑着说道："好个米颠。"米芾听后即向徽宗叩首道："谢主赐号。"米颠之名自此流传后世。

清代不少文人嗜砚成癖。潘耒藏砚盈屋，闲时独自赏玩，百看不厌，人称"石癖"。纪晓岚以好砚著称，其书房名为"九十九砚斋"，所藏多为精品，且砚心有铭，铭富深意。高凤翰爱砚成瘾，并亲手雕琢，著有《砚史》四卷传世。

文人爱屋及乌，连石砚匣盖也珍爱异常。清人张叔未在陈氏米肆处发现一宋代砚匣盖，把玩不已。对方知其爱砚心切，遂请叔未书扇，权作换取匣盖之礼。

文人终日徘徊在纸、墨、笔、砚之间，在文房器物上悉心把玩，寄托情思，成为须臾不可离的钟情伴侣，甚至在冥界中仍收藏如故。

印、石属文房清供之列，文人也多在其上寄托情思。文人治印、好印，自宋元以来颇风行，且印已融入文人书画，其赏玩气息更重。宋周密刻有一印，文为"玛瑙寺行者"；赵孟頫也刻有一印，文为"水晶宫道人"。二印文可谓珠联璧合。

文人所嗜之印多为秦汉古印。唐怀素一次从古井中得"汉军司马"印，非常喜爱，并经常在自己的作品上钤此印。清高凤翰不但擅篆刻，也同嗜秦汉印章，收藏至 5000 余方。其中一枚汉司马相如的玉印，因得之不易，极为珍视。济南文士朱文震钟情古印，收藏颇多，恰得"卓文君"印一方，想与"司马相如"印成双配对，于是托人向高凤翰试探。高正色答道："凤翰一生结客皆与朋友共，其不可共得唯二物，此印及山妻耳！"

印章为历代文人所珍视，原因之一在于印材多为珍石异宝，如寿山田黄石，价与黄金相等，而其中所蕴藏的含蓄、委婉的篆刻艺术，使无数文人甘做"印奴"。何止印章，即是一块佳石，也足使文人宝爱终身。

文豪苏东坡被公认是赏玩雨花石的鼻祖。在苏州时，苏东坡常在齐安河上用饼换取小孩捡到的五彩石，回家后用铜盆注水蓄养。在扬州他得到两块仇池石，次年又在定州得到黑质白章的雪浪石，喜爱异常，并名其室曰"雪浪斋"，作《怪石供》、《雪浪石》等吟咏石之美丽。

米芾、米万钟被誉为"石迷二米"。米万钟从四川改官至金陵六合县时，友人送他一首诗："米公弄石如弄丸，十年改邑不改官。为经鸟道三巴邑，去听秋涛十月寒。"他上任后，在灵岩山溪涧发现"纹石累累"，且一见倾心，遂"自悬高价"，搜购奇者以蓄之。公务之余，辄入"衙斋孤赏，自品题，终日不倦，如在珠宫宝船中"。由于文人的倡导，觅石、玩石、咏石，便成为长盛不衰的风尚。

痴嗜金石是天性

文人似乎天生即具有崇古好古之心，而金石之好尤能引发文人怀古尊古之幽情，故尊鼎彝器、刻石碑拓以至古钱，遂为文人辗转寻觅的宝物了。

商周时期，中国进入了发达的青铜时代，并创造出令后人尊崇的青铜文化。青铜器或为传世之宝，或为窖（墓）藏重器。蕴藏丰富的青铜器，只有在文人手中才能真正展示其深藏的文化历史价值。据《汉书·郊祀志》载，汉宣帝时曾发现一件铜鼎，上献朝廷，但无人认识上面的铭文。当时京兆尹张敞通晓古文，遂对铜鼎作了释读。东汉许慎作《说文解字》，在《说文·序》中说："郡国往往于山川得鼎彝，其铭即前代之古文。"青铜器在汉代文人眼里已颇具研究价值了。

宋代文人愈发好古，并大兴著述之风，金石学初见端倪。赵明诚、李清照夫妇终年陶醉于对古器物的搜集、把玩和研究之中，并结下生死相依之情。赵明诚与李清照在船中告别之际，急切叮嘱李清照在情急之下，"先去辎重，次衣被，次书册卷轴，次古器，独所谓宗器者，可自负抱，与身俱存亡，勿忘也"。明人王惟俭，罢官回家后，以赏玩古物安度闲暇。他家中藏有一批饕餮纹周鼎，为一时名贵之物。清代大兴文字狱，众多文人更将精力投之于金石考据之中，并广为搜罗。如刘喜海《长安获古编》收殷周及以后古器121件，吴云《两罍轩彝器图释》收古器110件，潘祖荫《攀古楼彝器款识》仅收殷周彝器即达50件，吴荣光《筠清馆金文》收殷周至唐267器，徐同柏《从古堂款识学》收365器铭文，吴式芬《攈古录金文》收殷周器1334件，方濬益《缀遗斋彝器款识考释》共

收 1383 器，吴大澂《愙斋集古录》收殷周至晋 1144
器，刘心源《奇觚室吉金文述》收殷周至秦汉 2203
器，等等。由此亦可见当时文人收藏之富、研究之精。

　　饱学之士王懿荣不仅是甲骨文的发现者，更以其
丰富的收藏名扬后世。他在《天壤阁杂记》中记述其
在山东、陕西、四川等地访求古物的情况："天下之
地，青齐一带，河陕至汉中一路，皆古董坑也。余过
辄流连不忍去。"他路过宝鸡时，还曾到神祠中去求
神，祈祷自己能收藏更多的古器物。有时为购古物而
薪俸不足支付，只好典当衣物，"隆福寺归夸客夜，海
王村暖典衣天"，其欢畅之心溢于言表。

　　搜求碑帖为收藏之至雅，有风雅之称的文人更当
仁不让。无论是泰山秦刻石、曲阜汉碑、魏晋《三体
石经》、邙山六朝墓志、西安碑林的唐碑、北京房山石
经山的刻经，还是《淳化阁帖》、《大观帖》、《三希堂
法帖》、《玉虹楼法帖》等，都使无数文人雅士心往神
至，正如清末曾衣犀所语："三代鼎彝，古朴奇奥，此
三百篇离骚也；两汉碑志，雄强茂密，此三张二陆陶
谢颜鲍也；唐碑谨严，宋帖豪放，近人恣其恣肆，变
态百出，此李杜韩白苏黄范陆，以及湘绮散原海藏
也。"

　　文人之好碑、访碑、求碑，乃至碑帖之收藏，其
间逸闻趣事史书不绝。唐人欧阳询路见古碑，碑文为
晋索靖所书，仔细观赏，良久不忍离去。走出数百步
后又回来品味，夜晚卧其旁，三天才离去。唐大书法
家李阳冰见《碧落碑》时，也曾"寝卧其下，数日不

能去"。宋文人赵明诚自少便喜收蓄前代石刻，并立下"尽天下古文奇字之志"，以后便笃志于古今图书、遗碑、石刻的收藏，在相国寺遇到可心的收藏，钱两不够，便"脱衣市易"。南宋画家赵孟坚船行江中，不幸翻覆，马上就要淹死了，仍手举拓本高出水面说："吾命可弃也，而此（定武兰亭）不可弃。"其保惜收藏而命不在惜，定武兰亭遂有"落水本"之名。清文人朱彝尊精于金石文史，曾游大江南北，所见破炉残碑之文，无不搜剔考证，并著有宏富之作。有铭称："夺我七品官，写我万卷书。"近人章寿康，博学好古，嗜金石文字如性命，收藏碑帖拓本数千种，因家贫尽售去。后又见古拓，心极爱之，只好借贷购之。

文人对金石之痴之癖，还表现在其斋名舍号上。清阮元收藏古砖，其斋号为"八砖精舍"；翁方纲得苏东坡《天际乌云帖》，起舍名"苏斋"，收晋人书《大观帖》，又名"晋观堂"；叶昌炽藏碑拓数千通，经幢500通，遂名其居为"五百经幢馆"；于右任所藏270余方墓志中，有7对夫妇合葬墓志，故名"鸳鸯七志斋"；清末金石大家吴大澂之孙吴湖帆曾购得隋《董美人墓志》拓本，珍爱之极，特辟"宝董室"藏之；吴湖帆还藏有唐代书法家欧阳询所书四种名碑珍拓，遂名自家厅堂为"四欧堂"，并将所生二男二女依次取名"孟欧"、"述欧"、"思欧"、"惠欧"，以合"四欧"，可谓金石痴冠。

文人对古钱的嗜好风行于清代，到民国时大盛，以至有文化的人手中都或多或少有些古钱。当时著名的收藏家和研究者有平津的方地山、方若，上海的丁福保、张叔训，故有"南张（叔训）北方（若）"之说。文人收藏的古钱既有大家殁后成批收来的上好古钱，也有一枚一枚苦心寻访而集结的。刘喜海所藏珍品钱"六泉十布"中的六泉即是如此。纯文人藏钱、赏钱、玩钱，所追求的多是一种乐而忘忧的闲情。近人岑子潜在《癖泉忆旧杂记序》中说："回忆曩昔，每当治事余闲，风雨之夕，篝灯夜话，相与朋友谈泉论古，偶获异品，或有足补史志之佚阙者，参稽谱录，考证摩娑，乐而忘倦，焚膏继晷，几废寝馈。"

文人收藏不以多取胜，不以富相夸，而在于其寄予收藏之情深，其意之切，其感怀之悠长，其寄托之遐远。北宋文豪欧阳修自称有"藏书一万卷，集录三代金石遗文一千卷，有琴一张、棋一局，常置酒一壶、鹤一双"，遂以"六一居士"自诩。哪怕有一琴、一棋，也是值得珍惜并念念不忘的收藏，因为其中注满了文人的生活情趣。文人收藏之博雅洒脱自不待言，而其精专勤恳，又使其风雅才绝之尚借累累书史画论及金石萃编流传后世，风化收藏。

九 中国近代收藏风尚
及其成因

中国传统收藏的延续和发展

　　中国自古就有收藏传统。三代视青铜器为宗室重器，在铸造时即刻有"子子孙孙永保之"的铭文。而"厚葬富藏"的传统，使帝王权贵、豪强世族无不拥有丰富的收藏。古人还有嗜玉佩玉之风，所谓"君子无故，玉不去身"，故藏玉佩玉成为一种有德性的体现。

　　纵观历朝历代的收藏之风，中国传统收藏日趋丰富和发展。商朝殷都设有甲骨档案库，周朝有藏书之室。春秋战国时，私人藏书开始萌兴。汉代皇室不仅重视图书文物的收藏，还创置"秘阁"，以搜求天下法书名画，此后历朝均有购求书画的专门机构。隋唐两代，帝王收藏轰轰烈烈。有宋以来，士大夫竞相收藏，欧阳修、赵明诚、米芾等，均是名重一时的收藏大家，其风也波及商贾乡绅。明代私人收藏进一步发展，如项元汴精于鉴赏，其天籁阁中收藏有法书、名画、金石、瓷器等，储藏之富在私人收藏中冠绝古人。清代无论是收藏还是对藏品研究均超过前代，成为中国收藏发展史上的一个重要时期。清代帝王收藏不遗余力，并奠定了故宫博物院藏品的基础。民间收藏也极兴盛，从贵族官僚到殷实富户，都以收藏古物为时尚，尤其是乾嘉朴学的发展，使金石收藏考据之风大盛，出现了一批卓有成就的文物收藏家、研究者和一批学术价值很高的收藏著述。梁启超在《清代学术概论》中对晚清收藏及研究情况有所评述："初，此等古物惟集于内府，则有《西清古鉴》、《宁寿古鉴》等官书。自阮元、吴荣光以封疆大吏，嗜古而力足以副之，于是收藏浸富，遂有著录。阮有《积古斋钟鼎彝器款识》，吴有《筠情馆金石文字》，研究金文之端开矣。道光以后日益盛，名家有刘喜海、吴式芬、陈介祺、王懿荣、潘祖荫、吴大澂、罗振玉。式芬有《攗古录金文》，祖荫有《攀古楼彝器款识》，大澂有《愙斋集古录》，皆称精博。其所考证，多一时师友互相赏析所得，非必著者一人私言也。"

近代至民国，中国传统收藏项目依旧延续，民间收藏古玩、字画、典籍的风气与以往相比有增无减，并在各个收藏门类中涌现出许多著名收藏大家。

传统收藏在近代延续和发展，由于时代和社会条件发生了明显改变，故也形成了一些近代化的特色：

（1）收藏主体更加扩大。传统收藏自宋明始，已由帝王权贵浸染至文人阶层，而至近代，传统收藏已扩大到社会各个阶层，以至平民百姓，但就收藏的质量和数量来说，仍以世家权贵和考据专家为最。

（2）收藏著述之风盛于以往，收藏研究成果显赫。

（3）收藏活动的社会性增强。收藏者重视欣赏交流，成立收藏社团，使收藏活动日趋成熟。

（4）注重收藏品的流通性和商业价值，形成比较完备的古玩收购交易市场，但古玩伪造之风也愈加兴盛。

（5）收藏的区域性特征比较明显，尤其是江浙一带等，形成了较有特色的收藏传统。

形成上述特色的原因，主要在于近代社会的政治、经济、社会情况已发生了显著变化，自给自足的封建自然经济逐步向商品经济转移，从而导致人们思想观念的转变，而在华西人大肆收购中国古玩，使人们对中国传统收藏又有了新的经济、文化认识，同时也促进了国人的收藏意识，等等。

② 西方收藏风气的介入

中西文化交流虽不始自近代，但直接、多方面、多层次的交流却是从近代开始的。主要表现在国人对西洋奇物的收藏逐渐兴盛，同时，受西方人收藏习惯的影响，收藏的内容和形式都得到丰富和发展。

西洋的新奇器物早在 16 世纪便随着耶稣会士而相继入华，并从澳门及沿海城市传入内地。清初，西洋器物中的钟表和各式玩具深得皇帝及后妃们的喜欢。乾隆后期，洋商舶来的自鸣钟及其他机械玩具日趋增多，在沿海城市及各地引起了一股不小的"西洋热"。嘉庆、道光年间，新奇洋货更是有增无减，无论是清廷内府还是官绅之家，无不收藏有数量可观的西洋奇器珍玩。至近代，西洋器物已充斥于社会。民间的西洋器物收藏以有观赏价值的日用品为主。西方人为推销香烟，特在香烟盒内放洋画，以吸引人们的收藏购买欲望。其他如外国邮票、各国钱币等，也在中国有流传。

西方人的收藏风气对近代中国也有很大影响，集邮就是一个最明显的例子。邮票自 1840 年在英国诞生，时间不长，各国便都有了集邮活动。中国第一套邮票——"大龙"邮票在 1878 年 7 月诞生，此后，外国人带头在中国上海、天津、香港等通商口岸开展了集邮活动，如在报纸上登征集邮票广告，邮商、邮店随后相继出现。由于在华外国人集邮的人数众多，热情极高，也使其周围的中国人开始认识到集邮品的特殊"价值"，遂立身其中。20 世纪初，集邮活动逐渐由分散趋向建立集邮组织，并组织邮票交换、买卖、拍卖和展览等多种活动，有的外侨集邮组织中也有个别中国邮商。中国集邮界中工商界人士较多，且多受外国集邮者的影响。随着中国集邮者的增多，普及集邮知识的报刊文章相继问世，也相继组织集邮社团，开展多种活动。综观中国集邮史似可以得出这样的结论：中国近代的集邮活动是在外国人的直接影响下而逐步发展起来的。

20 世纪初，外国人在中国也设有钱币收藏组织，但由于古钱收藏中国古已有之，故西方人对此的影响远远不如对集邮活动的影响大。由于近代始铸金银币，使钱币收藏中又增加了一个新的品类。

西方人对中国近代收藏的影响，既有好的一面，如普及收藏意识，增加收藏活动内容（建立组织，举行拍卖、展览等），重视收藏品的经济价值及商业化行为，使更多的人都参与到收藏活动中；但也有不利的一面，如不注重藏德，甚至大肆掠夺中国的珍贵收藏品，使许多具有重要文化艺术价值的国宝外流，给中国造成不可估量的损失。

✈ 出土古器物的影响

近代最重要的考古发现首推甲骨，它不仅在考古学史，而且在文化史上，都具有非常重要的意义。甲骨虽断断续续曾有发现，但直到 1899 年甲骨文才被认定。收藏家和爱好古器物研究的学者竞相购买，遂导致甲骨收藏热。早期收藏甲骨比较著名的有山东王懿荣，天津的王襄和孟定生，还有官至总督的端方，学者刘鹗、罗振玉，以及不少外国人，其中收藏最多、用力最勤、著述最丰的为罗振玉。由于甲骨文的特殊价值，官方、民间都曾多次大规模地进行挖掘、搜集，并在研究的基础上建立起甲骨学。

近代另一个重要发现是敦煌藏经洞，围绕其洞内珍藏，外国人捷足先登，后中外人士均竭力寻访收藏，并在其研究基础上建立起敦煌学。

近代出土的青铜器、陶瓷器、古钱及明器也不在少。由于这些古物的面世，时人的收藏大大丰富，除著名收藏大家之外，许多一般收藏家的藏品都比清代收藏大家藏品丰富。出土文物的大量发现，不仅能满足更多人的收藏嗜好，而且据此而形成的新的学科，大大拓宽了人们的收藏视野，使社会对收藏的文化学、历史学内涵更加重视。

4 考据学的余波

"金石"指金属古器物铭刻和碑碣、墓志、造像、摩崖以及其他石刻。"金"以钟鼎彝器为大宗，旁及兵器、度量衡器、符玺、钱币、镜鉴等；"石"则以碑碣墓志为大宗。可见传统金石学的范围非常广泛。

宋代就已非常重视对金石文字的研究，清代则是金石学的鼎盛时期，尤其是乾嘉以后。金石学在清代之所以有较大发展，与乾嘉学派的影响密不可分。受其重视考据的实证学影响，相继出现了许多致力于探求古文字、研究历史的学者，他们在金石方面也努力寻求新的资料，致使传统金石学有了突飞猛进的发展。此时的金石学家同时也多是金石收藏家，他们精于鉴别，详于考订，搜集了大量铜器铭文、碑刻、钱币及玺印等铭刻资料。

清末民初，金石收藏、著述不仅丰盛，而且随着一些新出土古器的增加，金石学的研究范围也更加扩大，除甲骨、简牍外，也及于明器和各种杂器，突破了以往局限于铭刻文字的传统。

近代的金石学研究，同时也大大丰富了收藏学的内容。据容媛所辑《金石书录目》统计，现存金石学著作中，北宋至乾隆以前七百年间仅有 67 种（其中宋人著作 22 种），而乾隆以后二百年间却有 906 种之多，尤其以近代一百年为多，可见当时金石学发展之盛，而这些又都是基于广泛的金石收藏、研究之功。

清代考据学、金石学的发展，也影响到人们对收藏品的鉴赏、评品观念。清代前期的法书收藏，主要以玩赏法帖为主，从乾隆、嘉庆时期开始，碑学流行起来，并有取代法帖趋势。因为法帖多是行、草尺牍，无益于当时盛行的古文字研究，而碑学则可以对古代文字，特别是古文、金文、籀文和篆书、隶书等作文字和历史方面的研究，于是法书爱好者、书法家也将兴趣转移到金石上来，并从中汲取营养，开创新的风格，形成新的书风，收藏家亦视此为墨宝，大肆收藏。

碑学派的理论使当时人和近代人法书鉴赏观发生了很大变化，并展开了争论。清著名考据学者阮元以金石资料为基础，写出了影响极大的《南北书派论》和《北碑南帖论》，主张尊碑抑帖。后包世臣进一步阐发阮元之说而称扬北碑。清晚期的著名金石学家、收藏家魏锡曾也采此看法，主张要始终以石刻碑志为效法对象，而勿取法帖。清末康有为著有《广艺舟双楫》，对前人之说进行分析批判后，建立了称扬北碑的新体系。在碑学派昌盛之时，帖学派也未完全沉寂。后来，殷墟甲骨及敦煌书简的大量问世，对书法创作和相关收藏、赏鉴亦有所影响。

5　商品经济的冲击

中国古人从事收藏更多的是从情趣出发，收藏活动中赏玩或研究的成分占绝对优势。而到近代，收藏活动中的功利性逐渐增加，搞收藏也是有利可图的事情，故邮商、古玩商应运而生，在一些城市还形成了比较集中的古玩市场，其中以北京的琉璃厂最为有名。除固定的场店外，各种集市、庙会中也多有古玩摊贩。这种收藏品交流市场的繁荣，从一个侧面反映了当时收藏活动的兴盛。

收藏的功利性导致古玩造伪在近代极为兴盛，几乎各类古玩都存在着造伪的情况。书画作伪在清代初期已形成了地区特色，如苏州片、扬州片、河南造、湖南造等，其在近代又有了进一步发展，同时出现了广东造、北京后门造等。不少地方还专造当地名家作品，其作伪方法多种多样，而目的都是一致的，即为了牟利。

青铜器、古钱、玉器甚至甲骨也都有作伪的情况，如山东潍县伪造青铜器多仿陈介祺的藏品，西安以伪造秦诏版和秦量为特色，甚至还有"东洋装"、"法国装"之类的伪造品。

洛阳是一个综合性作伪中心，除伪造字画、青铜器外，仿造的金银器及鎏金银器也很多。而甲骨出土之初，就有大量伪刻涌现，因当时藏家是按字计值和高价收买，必然令人垂涎而导致伪造。

敦煌写经也同样存在伪造，敦煌新发现的消息刚一传出，古董市场即有相似物出售。

近代还出现了一种新的收藏品交换方式——拍卖，首先由外国邮商、集邮组织开其先例，后中国人也仿而效之，邮票、钱币等都举办过公开拍卖，在当时反响颇强烈。

6　政治因素的左右

近代收藏作为一种社会文化活动，也自然脱离不开政治因素的影响。如果说中国传统收藏都以一己立身出发，那么在近代则出现了收藏为国的观念。当时不少收藏家都以保护国宝，免使珍品外流为己任。如佛学家杨文会从日本搜求到我国数百种佛教经书；盛宣怀藏书除收购江标等家旧藏外，也在日本和其他各处采购书籍，其中不少为国内孤本。周叔弢特别重视购求流失到国外的书籍，如宋椠的《东观余论》、《山谷诗注》、《东家杂记》等书，均以巨金从日本文求堂书店购回。1940 年，收藏家郑振铎、叶恭绰等人发起了"文献保存同志会"，以保护古籍为己任。

收藏为国的另一种方式，是将自己的经年收藏捐献给公共收藏机构，以提高收藏品的使用价值。如陈宝琛（1849～1935 年）晚年将其一半藏书赠乌山图书馆；黄绍箕（1854～1907 年）逝世后将藏书捐赠温州图书馆；孙广庭（1875～1959 年）于 1947 年将其珍藏的 20 万卷图书、文物、碑帖等捐献给东北图书馆，等等。近代图书馆的兴建和发展，离不开当时收藏家的无私奉献，而这种做法，使古代中国的"秘藏"和"藏家无三代"的传统得以改观。

中国近代政治对收藏发展的影响，除西方列强以战争之名而大肆焚毁掠夺外，还有一桩事也影响极大，即末代皇帝溥仪导致的清宫法书名画散佚事件。

清帝宣布退位后，溥仪暗地从宫中盗出历代法书名画并存放在天津英租界内。1924年，冯玉祥闯入紫禁城，迫使溥仪逃至天津，溥仪在天津变卖了一些国宝，如"三希堂"中的"二希"——王献之《中秋帖》与王珣的《伯远帖》，南宋李嵩《西湖图》等。后日本侵略东北建立伪满洲国，溥仪重新受到拥立。日本战败后，长春伪宫佚出的国宝一时成为国内外征集攫取的对象。无论是国民党接收大员，还是国内收藏家和国外古董客，抑或是北京、长春、沈阳、天津等地方的古玩商，都争先恐后地开始了搜集行动，以免错过此千载难逢的机会。当时流入社会的古代书画，已从艺术收藏品而变为流通的特殊商品，拥有者手持奇货，待价而沽。出身豪门的张伯驹曾以巨金购得西晋陆机的《平复帖》，避免阎立本的《历代帝王图》流失海外的悲剧。他还不惜重金购隋唐法书名画，最有名者为展子虔的《游春图》。此外如张叔诚、吴湖帆、王季迁等，也有所收获，但流失国外的还是为数不少。由于清宫法书名画自溥仪盗运出宫至其散佚前后达30余年，而且又是当时社会关注的热点和藏家谈论的中心，故围绕其展开的收藏活动，在近代收藏史上占有不可忽视的地位。

　　综观近代收藏，已形成了一股比较持久、稳定的热潮，使收藏意识深入人心。而近代收藏风尚具有鲜明的时代特色，并与国际收藏活动相接轨。促成近代收藏风尚形成的原因是多方面的，如中国传统文化、西方文化、经济发展以至当时的学风和社会风气，当时的考古新发现等。正是由于上述多种因素的综合作用，才使近代收藏在中国收藏文化发展史上，写下了光辉灿烂的篇章。

十　民国时期的泉币学社

　　清代为中国钱币收藏及研究繁荣发达时期，较有名的钱币著述有：乾嘉时期梁诗正等纂辑的《钱录》、江德量的《钱谱》、翁树培的《古泉汇考》、初尚龄的《吉金所见录》及倪模的《古今钱略》；道光及光绪时期蔡云的《癖谈》、戴熙的《古泉丛话》、鲍康的《观古阁泉说》及江标的《古泉拓存》等。这些著作多为钱币收藏家积多年之收藏、研讨经验而成，且注重考据，对民国时期钱币收藏及研究有重要的参考价值。

　　民国时期，尤其是 20 世纪 30 年代前后，为中国钱币收藏研究社团活动最为活跃的时期。这些收藏社团的最大特征就是其成员不仅均为知名收藏大家，且多以研究、著述而著称，此可谓清朝钱币学研究的继续。

　　民国时期的钱币社团仍有清朝钱社的遗风。乾嘉时期，杭州曾有个钱社，社友为吴逸庵、陈秋堂、黄小松、王叔俭、翁树培、张叔未等。杭州钱社活动频繁，其成员有的是官场人物，有的是风流才子，但均嗜爱古钱，富鉴赏力，且文笔不凡，如翁树培就以《古泉汇考》而闻名于世。1926 年，张叔训在上海创办古泉学社，邀请程文龙董理其事，并于次年创办《古泉杂志》。参加该社的如罗振玉、董康、宝熙、陈敬第、方尔谦、张丹斧、袁克文等，都是一时知名人士。《古泉杂志》虽仅出一期，但却是中国第一本钱币专业杂志。该杂志用宋版书字体，珂罗版影印，分罗纹纸、宣纸两种印本，所选钱拓多稀见之品，所收文章词义典雅，故此杂志不论是印制抑或内容，亦颇具收藏研究价值。

1936 年，中国古泉学会在上海成立，副会长为叶恭绰、张叔训，评议员有方若、宣哲、邓实、张晋、程文龙、郑家相、卫聚贤、张晏孙、曹铨，理事有吴敬恒、简又文、郑师许、宋惟恭、余洵，总干事为杨恺龄，会长则由著名钱币学家丁福保担任。丁福保不仅为当时古泉学社活动的热心支持者和带头人，同时也是著名钱币收藏研究家和出版家，在中国钱币收藏史上，功绩卓著。1934 ~ 1940 年，丁福保组织编辑出版了《古泉丛书》15 种，其内容包括影印、改编前人谱录、编纂大型工具书及自家著述，其中尤以《古钱大辞典》和《历代古钱图说》两书影响最大。在编印丛书之余，丁氏也赞助钱币学社的活动。由丁氏任会长的中国古泉学会于 1936 年 6 月出版季刊《古泉学》。该刊发刊辞针对当时存在的忽视钱币研究和偏好寻珍居奇的积习，提出了一些有益于改进的宗旨和建议，如要重视钱币学遗产的研究和整理，选善本以普及等。该刊以选稿严肃见称，除发表部分名家未刊稿外，还刊登一些专题研究文章及新发现的前辈资料。《古泉学》至1937年6月共出5期，因抗日战争爆发而停刊。

持续8年之久的抗日战争虽对此前繁荣一时的收藏活动造成很大影响，但收藏社团及鉴赏研究活动并未就此裹足不前，中国泉币学社的成立及其活动便是明证。

1940年5月，寓居于上海的中国钱币界名流在罗伯昭宅邸召开了中国钱币学社成立大会，公推威望最高、年岁最长的丁福保为社长，罗伯昭为副社长，并推举郑家相为总编辑，王荫嘉为校对，戴葆庭为会计员，筹备出版刊物。泉币学社"以研究古今泉币，沟通中外学界，交换知识，联络同志为宗旨"，开展了多种形式的钱币收藏研究活动。

其一为创办《泉币》杂志。《泉币》杂志为双月刊，创刊于1940年7月，至1945年9月1日出第32期"胜利号"后，因经费难措而停刊，共出32期。其发刊辞针对过去视钱币学为小道，列诸金石之旁门，"忽略制作，偏重文字，斤斤于色泽肉好，戚戚于珍藏多寡"等弊端，主张"将泉币一门，成立独立专门科学，应作有系统之推讨，谋划时代之进步"，强调研究钱币要与历史文献相结合，除查证经传正史外，还应从地方志、丛书和杂著中探索新资料，并"详稽实物，参证史志，按诸货币原理，以究其制作沿革，变迁源流，利病得失之所在，治乱兴替之所系"。《泉币》简章也明确标识出研究钱币学的务实宗旨："沟通学者，联络同志，提倡后进，补史志食货之遗，纠历代谱录之谬，确究名物，力排空谈。"杂志辟有考据、撰述、杂著、出品、鉴别、通讯六门。其中"考据"、"撰述"两门中不乏卓有创见的专著；"杂著门"多为序、跋、史、传、年谱及摘抄之类，具有知识性和史料性；确认为真品的钱币入"出品门"，尚待考证的入"鉴别门"，使真赝严格区分；"通讯门"涉及范围较广，如钱币出土发掘报告，泉币学社活动情况及社员商函问答等，颇具资料性。该杂志的撰稿人，也多是学有专长的钱币专家，其文章大大增强了杂志的学术性和科学性，因而也可以说，《泉币》杂志是当时中国钱币学研究水平的集中代表。

其二为召开社友谈话会，后改称泉币学社例会。谈话会活动由罗伯昭、郑家相、王荫嘉于 1940 年 8 月发起，社友有丁福保、张䌹伯、张季量、蔡季襄、赵权之、汪夷白、戴葆庭、杨成麒、马定祥、陈亮声等。谈话会自 1940 年 8 月 31 日举办第一次例会，至 1946 年 3 月 16 日第 178 次例会而止，历时达五年半之久。其谈话会活动定规颇严，并有章程为据。活动日期为每星期六午后四时至六时半，地址为罗伯昭寓所（第二届社长陈仁涛之办公楼内也曾是活动场所），招待费用由发起人担负。其活动内容为五项：①公开研究泉学；②讨论出版事宜；③共同审定出品；④传观新旧珍藏；⑤自由交易泉币。由于活动场所限制，故并非所有泉币学社社员都可参加谈话会活动，只有经过特别邀请者，方可加入。

泉币学社社友谈话会活动不仅是泉币学社活动的

一种形式，而且也是泉币学社活动中一个非常重要的组成部分。从人员组成看，谈话会活动虽迟于泉币学社成立三个月，晚于《泉币》杂志面世一个月，但活动次数频繁，而且是泉币学社诸种活动中持续时间最长的一种。从谈话会的活动内容看，如公开泉学研究，讨论出版事宜，以及共同审定出品，均是泉币学社的发展方向和《泉币》杂志的办刊内容。可见，谈话会活动对泉币学社的活动及发展至关重要。另谈话会活动自创立之日便保持了记录传统，即每次例会均有专人记录，内容有会议时间、出席人员、出品名目、议论中心、各人见解、例会决议、交易情况等。凡佳品及疑品，均在记录簿上作拓留存。从记录上看，谈话会出席人数最多时达 20 余人，外地泉友及外国泉迷也时有到会。记录簿所载的钱币成交价格，反映了当时该类钱币的珍稀程度及人们对古钱的不同偏好，其中也不乏泉友的研究心得与成果。这些珍贵的史料，成为当时钱币收藏研究热潮的一个真实缩写。

其三为发起寿泉会活动。寿泉会始自 1940 年 10 月，截至 1941 年 8 月。当时丁福保、张絅伯、张晏孙、郑家相、陶庭耀、王荫嘉、陈亮声、戴葆庭、蔡秀襄和罗伯昭十人组成寿泉会，各以生辰排定，每逢生日，各出 10 纸，分装 10 册，人存 1 册以作纪念。寿泉会共活动 10 次，编辑《寿泉集拓》甲至癸共 10 编，总拓泉 253 品，多珍品和稀见品，且以取祝寿泉文为要旨，颇见传统文人风雅之习性。

其四为发展学社社员，扩大学社影响。泉币学社成立之初便拟定有学社简章，其中就社员和社费条规定："凡赞同本社旨趣，或经社员介绍，或自开履历由本社审查合格者，均得为本社社员。本社社费分甲、乙、丙三种：甲种年纳社费 12 元，为赞助社员；乙种年纳社费 9 元，为特别社员；丙种年纳社费 6 元，为普通社员，均于入社时缴纳，以 12 月为 1 年，满期后续交，不缴者作为退出。"可见入社标准不是很难。据《泉币》杂志第 4 期载社员录名单，其中赞助社员为 15 人，特别社员为 8 人，普通社员 51 人，以后各期又载有社员入社报告，累计总数超过 300 余人。作为社员，不仅有身居上海本埠者，也有其他城市者；虽以中国人为绝大多数，也不乏日本和欧美人士；除以个人身份入社者，还有以机构名义入社者，如公司、银行、俱乐部等。由此可见，泉币学社社员为四方杂处，但也反映出当时泉币学社颇重视其自身的发展壮大。

组织上海以外地区的分社活动，也是泉币学社扩大自身影响的一个重要措施。当时上海是中国钱币收藏研究活动的中心，此外，北京、天津、苏州、成都、青岛等地的钱币收藏界也不甘寂寞，与上海的泉币学社遥相呼应，多加联络，使 1940 年代初成为中国钱币收藏发展史上一个颇为活跃的时期。

1940 年 11 月 2 日下午，戴葆庭、程伯逊等 10 人在北京召开了中国泉币学社北京分社的预备会，决定社址暂设在北京琉璃厂云秋阁。分社与总社的关系极为密切，如两者"互相维持，分社一切，应遵守上海总社社规；需照章向总社交纳社费；凡社员出品精美奇特者，经分社评议干事等多数鉴定，认系真品后，得加说明，送总社总编辑审核登载"。可见两者的关系，既是一种领导与被领导的关系，也是一种相互支持、共同维系的关系。1941 年 2 月 12 日，北京分社召开第二次筹备会，程伯逊、马定祥、骆泽民、戴葆庭等 11 人出席，公推程伯逊先生为临时主席，其他到会者均为筹备员，并议定 3 月 7 日正式成立北京分社。

北京分社成立后《泉币》杂志第 18 期曾发表启示，鼓动各地成立分社："北京分社，现已成立，本社天津、苏州、江门、青岛社员不在少数，尚希上列各地社员，继起成立分社，用收集思广益之效。"然而由于各种原因，其他各地分社未能如期建立。但王荫嘉等在苏州积极活动，并仿上海社友谈话会形式，召集了苏州地区的社友谈话例会。王氏在《泉币》杂志第 25 期报道此消息的同时，也形象描述了当地好泉之士的交流活动，甚有史料价值："吴郡为人文渊薮……二载以来，凡具古今币之癖者，渐呈团结气象，每有二三同志，邂逅于途，莫逆于心。不定时定处，往往不期而集。清谈娓娓，脱略形骸，亦足乐焉。"

1940 年代的中国泉币学社，作为中国有史以来规模最大、持续时间最长、机构最为健全、活动最为正规的钱币收藏社团，功绩殊甚。其活动形式尽管多种多样，但均是其社团活动中不可分割的组成部分，甚至起到彼此共长互进的作用，尤其是举办《泉币》杂志和定期例会制度，更是学社的喉舌和核心（例会制度甚至在 1960 年代又有续延）。后《泉币》停刊，学社的"研究古今，沟通中外学界，交换知识，联络同志"的创办宗旨便无以为藉，形同消亡；例会后因无人主持，暂告休会，宣布泉币学社的使命已完成。

暂不论泉币学社在中国钱币收藏发展史上的地位和影响，就其在当时战乱环境中辛勤创业 5 年多时间，并颇具规模，即非易事。罗伯昭在 32 期"胜利号"献辞中曾历数其创业之艰："原以我等身居非地，骨鲠在喉，聊事雕虫，藉消积磊。"在办刊过程中，由于当时物价飞涨，《泉币》时常遇到资金难措的危机，致使刊物篇幅愈来愈小，甚至多次募捐以应急需。如《泉币》第 18 期发表《紧急启示》云："《泉币》出版，转瞬即满三年，惟近以物价飞涨，每年预算，终入不敷出。17 期一部分之印费，赖罗木园君预垫，得以出版。第四期年之计划，除增加社费外，尚望同人踊跃捐助，使我国唯一之货币专攻刊物，不致中辍，幸甚。"第 28 期又曾登载募捐启示："本社五年度计划，增社费、省篇幅，原期收支两抵，不事募捐。殊近月物价飞腾，早超预算之外。迄本期止，经费早已无着，是以不得不仍出于募捐之一途，尚希同人踊跃输将，使本志能维持至卅期为最低限度，是幸。"《泉币》杂志此时已从创刊时的 90 余页至后来的四五十页，减至 14 页、10 页，其艰难程度由此可见一斑。《泉币》杂志在如此困难之境仍幸存五年半之久，多亏其核心人员之任劳任怨及各地社友之爱惜维护。

民国时的钱币收藏研究社团，除上述之外，尚有外国人在中国办的钱币社团。如 1936 年，西人货币会在上海成立，地址在上海博物院内。其创立之初仅10余人，除张绚伯、张叔训外，其余均为欧美人士。1940年6月21日，《字林西报》刊载有6月17日西人货币会开常年大会的情况。此次大会新选的会长为主办《商业金融周报》的耿爱德，他著有英文版《中国货币》一书，在海内影响颇大。中国泉币学社与该会也有联络。张绚伯即认为："学术无国界，共相切磋，必收相得益彰之效也。"《泉币》第3期曾载有上海西人货币会主席致中国泉币学社的来函。函中明确提出上海中西泉币社的合作意向，其建议为：①中西二会，仍各保持独立状态，各守自定章程。②西人货币会开会时，欢迎贵社社员参加，而贵社开会时，敝会员亦得参加，均不另付会费。彼此联络交换意见，并可交换泉币。③贵社杂志，亦可改为二会联合刊，其英文部分之费用，敝会可酌量担任。因有文稿，当可畅销于外洋。至于英文部分，敝会可负责撰稿。④二会可连台举行拍卖泉币，使社会人士，增加集泉兴趣。……中国泉币学社经商议后，对上述两会合作的办法原则上同意，并规定了4条合作细则。

此外，民国时的钱币收藏研究活动有时也同集邮活动结合在一起。如1925年冬在杭州成立的"新光邮票研究会"，其会刊为《新光》月刊，也曾改称为《新光邮票钱币杂志》，有关钱币收藏研究的文章在其中占有一定分量，罗伯昭、戴葆庭、王荫嘉以及《新光》杂志主编蒋寿来都在《新光》上刊有不少关于钱币的文章。

综观民国时期，尤其是 20 世纪三四十年代中国钱币社团的收藏活动情况，具有以下特征：

（1）当时的泉币学社均为纯粹民间性组织，其经费自行筹集，活动场所多借助私人寓所，故相对来说组织松散，没有稳定的经济来源，易自生自灭。如创办于 1926 年的古泉学社，仅出一期《古泉杂志》便无下文；1936 年成立的中国古泉学会因抗日战争的爆发而停止活动；为时最长、创办于 1940 年的中国泉币学社，其刊物创办 3 年时已显得捉襟见肘，而其例会活动也因第二任会长陈仁涛率眷去香港，副会长罗伯昭因事去重庆，致使学社群龙无首而告终。故这种纯粹群众性的社团，往往因人员变动而消亡。

（2）注重会刊建设，并讲究刊德。自 1926 年至 1946 年，由中国人自办的三个钱币收藏社团均办有自己的会刊，如古泉学社出过《古泉杂志》1 期，中国古泉学会出过《古泉学》季刊 5 期，中国泉币学社出《泉币》杂志双月刊 32 期。会刊对学社本身的发展至关重要，而且也是联系社员、扩大自身影响的重要工具。学社与社刊可以说是一种共存亡的关系：学社可以没有其他任何活动，但有会刊便能证明其存在；会刊停刊，学社活动无法联络，无以凭借，形同消亡。

《泉币》杂志尤以讲究刊德著称。其简章规定："本刊纯为研究学术之刊物，不涉时事，不尚意气。辩驳问难容有不免，讥刺攻讦恕不登载。"其发刊辞也载："讥刺攻讦，意气用事，旁敲侧击，离乎本题，作无谓之论争，失学者风度，本志无取焉。……凡创一议，立一说，必本诸货币原理，史志依据，实事求是，言之有物，力避穿凿，不尚空谈。"实际上，《泉币》杂志也以和平稳健之风，传播钱币文化，团结泉币同仁，受到收藏研究界的拥护。

（3）提倡钱币学研究，创立钱币学科。三个泉币学社均将整理钱币遗产、研究古今钱币放在重要位置，故其会刊选稿都较严肃，登载了不少有研究价值的论述和钱币资料。《泉币》杂志"考据门"登"各种泉币之论著于学说上有所发明者"，如张纲伯的《货币释名》、鲍鼎的《鱼币之我见》、郑家相的《明刀之研究》、《五铢之研究》等；"撰述门"分期登载"有系统之著作"，如郑家相的《上古货币推究》、丁福保的《历代钱谱》、张纲伯的《新莽货币志》等。可见其内容多为纯学术研究之作。1934～1940 年间，丁福保编辑出版的《古泉丛书》计为《古钱大辞典》、《古钱大辞典拾遗》、《泉志菁华录》、《古泉有裨实用谈》、《古泉丛话、泉苑菁华合刻》、《观古阁泉说》、《癖谈》、《孝建四铢拓本》、《制钱通考》、《大泉图录》、《古泉学纲要》、《历代古钱图说》、《历代钱谱》、《六泉十布等手拓本》和《古泉拓本》等 15 种，其中 7 种为丁福保编著。身为中国古泉学会和中国泉币学社社长的丁福保，献身钱币学研究最力，取得的成果也最大。在其督导下的钱币社团，受其学风影响也应该是最直接、最深厚的。民国时期钱币学研究是我国钱币学发展史上至为光辉的时期，不仅著述成果多，而且重视普及、传播，其功绩当首推丁福保及其在任的钱币社团。

（4）重视搜集包括钱币实物在内的研究资料。当时不论是收藏家还是研究钱币的学者，无不着意搜求实物，使藏用结合。另也注重对稀见币的追求，使珍贵古币一时趋于高度集中。方若、张叔训、罗伯昭不仅是当时闻名的收藏大家，同时也以著述行世。泉币学社也为社员搜求钱币提供方便。如社友谈话会活动之一即为自由交易钱币，在例会记录上均详细记有交易者之姓名、交易之品目及价格。另《泉币》杂志上也不时登有社员征求各类钱币的广告。如源昌钱庄戴葆庭的征求启示为："征求历代稀见泉币钞版、泉范等品，如愿割爱，请拓样开价示知。欢迎交换复品及拓片。"蒋伯勋的征求启示为："征求古泉银铜币，欢迎交换拓本，赐画请寄浙江龙游邮政局。"朱剑灵的征集启示为："专收中外稀见金银铜镍币、银两币、纪念币样版、试品，历代古钱、刀布泉范、钱票废钞，历史勋章、奖牌，邮票邮册，如蒙出让，一律重价相酬。"

由于社团大力提倡收藏研究，致使当时有不少人的收藏水平超过了清代著名藏家。当然，当时钱币收藏界的一些弊端，也难免不影响到泉社社员，如秘藏保守之习，居奇待价之风，但与泉币学社所倡导的"研究古今、沟通中外"的收藏研究主流相比，与其在收藏研究上所取得的显著成就相比，则显得微不足道了。

十一　中国古代收藏著述

在中国收藏史上，古人留下了大量资料性集结成果，为我们窥视中国收藏及收藏文化的发展历程，提供了丰富而又宝贵的素材。

《负暄野录》。宋陈槱撰。陈槱为长乐（今属广东）人，绍熙元年（1190 年）进士，书法家。该书有上、下两卷。上卷包括总论古今石刻、前汉无碑、古碑毁坏、篆法总论、章（伯益）友直书、近世诸体书、小王（著）书；下卷为学书须观真迹、写大字法、论细字说、总论作大小字、论笔墨砚、俗论墨笔、论纸品等。其中"前汉无碑"和"古碑毁坏"部分为前人所未道。书中所论内容，原委分明，切于实际，足资考证，余绍宋的《书画书录解题》给予较高评价。

《洞天清禄集》（一作《洞天清录》），南宋赵希鹄著。希鹄为开封人，精鉴赏，此书即专为古器辨识而作。前有自序，论文物妙迹及其享用之意义。其内容包括：古琴辨 27 条，古砚辨 12 条，古钟鼎彝器辨 18 条，怪石辨 10 条，研屏辨 5 条，笔格辨 3 条，水滴辨 3 条，古翰墨真迹辨 5 条，古今石刻辨 25 条及古画辨

20 条等。其中"古砚辨"对端砚和歙砚的产地、特色、品级介绍颇详，为鉴赏古砚提供了重要依据。其中翰墨、石刻两篇，提供了不少辨别真伪的方法，亦是法帖收藏鉴赏的经验之谈。该书考辨精详，溯本求源，抒发己见，唯所援引多未注明出处。

《志雅堂杂钞》、《齐东野语》，宋周密（1232～1296 年）撰。周密字公谨，号草窗，别号泗水潜夫、草州等，原籍济南，后迁居吴兴（今属浙江），官义乌令。宋亡不仕，退居湖州以收藏著述为事。周密工诗词，善书画，精鉴赏，家族富有收藏传统。自称家有三世积累，凡有书 4.2 万余卷及三代以来金石之刻 1500 余种，并建"书种堂"、"志雅堂"。所著《齐东野语》简介历代藏书故事，对研究唐宋时期的收藏史实具有参考价值。《志雅堂杂钞》的内容涉及图画碑帖及诸玩宝器，多为随手札记的掌故琐事。记自至元二十六年到三十一年（1289～1294 年）五六年间所见各藏家之古物书画，并人事至书史等五类。该书记录较详，可与作者的另一部著录书《云烟过眼录》相参照，是了解元初古物书画收藏、流传情况的极有价值的文献资料。

《格古要论》是明代最早的一部收藏鉴赏专著。该书原著者曹昭，字明仲，松江（今属上海）人。曹氏为"吴下簪缨旧族，博雅好古"，精于鉴赏。他"取古铜器、书法、异物分其高下，辨其真假，正其要略，书而成编，析门分类，目之曰《格古要论》"。该书分上、中、下三卷。上卷为古铜器、古画、古墨迹、古碑法帖四论；中卷为古琴、古砚、珍奇、金铁四论；下卷为窑器、古漆器、锦绮、异木、异石五论。编写方法为记事兼论述，凡鉴赏、考证颇精详。后王佐（字功载）将书增补成 13 卷，名为《新增格古要论》，内容包括古琴论一卷，古墨迹论一卷，古碑法帖二卷，金石遗文一卷，古画论一卷，珍宝论、古铜论一卷，古砚论、异石论、古窑论一卷，古漆器论一卷，古锦论、异木论、竹论一卷，文房论一卷，诰敕题跋一卷，杂考三卷。书中墨迹、古碑法帖增补较多，此外新增金石遗文、古人善书画者、文房论、诰敕题跋及杂考等。每条内容属原本者，注明旧本，新增者注明新增。该书编改杂乱，除墨迹碑帖有所论之外，其他多为杂抄。

《清秘藏》，明张应文著。张应文字茂实，号彝甫，又号被褐先生，江苏昆山人。嗜爱收藏，凡古今法书名画、奇珍异宝，无不致力搜罗，且一一题识。逝后由子丑润色成书，取名《清秘藏》，乃借元倪瓒"清秘阁"之意。该书分上、下两卷。上卷分论玉、古铜器、法书、名画、石刻、窑器、汉晋印章、砚、异石、珠宝、琴剑、名香、水晶、玛瑙、琥珀、墨、纸、宋刻书册、宋绣刻丝、雕刻、古纸绢素、装褫收藏等 20 余门；下卷分鉴赏家、书画印识、法帖原委、临摹名手、奇宝、斫琴名手、唐宋锦绣、造墨名手、古今名论目、所蓄所见 10 门，其中不乏鉴赏辨伪的经验之谈。书中虽多采前人旧说，且不注出处，但涉及收藏、鉴赏的内容很翔实，是中国收藏学发展史上的一部重要文献。

《燕闲清赏笺》，明高濂著。高濂字深甫，号瑞南道人，钱塘人，生活于明嘉靖、万历年间。高氏世代藏书，少志博习，得古今书最多，且精于书画鉴赏，著有《遵生八笺》等。《燕闲清赏笺》是"八笺"中的一笺，分上、中、下三编，内容均为古玩收藏鉴赏，对铜器铸造、陶瓷名窑、藏书、碑帖、字画、文房用品等的鉴赏议论尤详，并将收藏鉴赏活动纳入其养生系列，颇有新意。

《古董十三说》，明董其昌著。董其昌（1555～1636年），字玄宰，号思白、香光居士，华亭（今上海松江）人，明代著名书画家、收藏家，著有《画禅室随笔》、《容台文集》等书。《古董十三说》"缘起"部分解释古董的字义，以后十三说分别论述古董的类别、特点、形态、优劣及收藏、鉴赏方法，并将古玩收藏、鉴赏与名理相结合，富有深意。

《长物志》，明文震亨著。文震亨（1585～1645年），字启美，苏州人，文徵明曾孙，善鉴赏。该书共12卷，记述庐室、花木、水石、禽鱼、书画、器具、舟车、蔬果、香茗等内容。各门缀以小序，又各有子目。其中卷五"书画"专论古书画、碑帖的鉴藏和辨伪方法，名家品评及装潢、纸绢特点等，品题具有条理，可反映明代文人在古玩收藏鉴赏方面的风俗与习尚。

《书画史》、《妮古录》等，明陈继儒著。陈继儒（1558～1639年），字仲醇，号眉公，华亭（今上海松江）人。初为诸生，后隐居昆山，以著述等为事，流传有《妮古录》、《书画金汤》、《书画史》、《太平清话》等书。《妮古录》一书杂记书画碑帖古玩之事，其中谈论书画的内容占较大部分，评论鉴赏颇有见地，其他遗闻逸事亦足资参考。

《韵石斋笔谈》，姜绍书著。其字二酉，自号晏如居士，丹阳（今属江苏）人。明末为官，入清后不仕。该书共2卷，随记所见古器书画及诸奇玩，共58条，各以其物标题。其体例与周密《云烟过眼录》相仿，但辨别详明。书前有顺治己丑（1649年）蒋清序及乾隆丁卯（1747年）汪道谦重刊序。

《博物要览》，清谷应泰著。谷应泰（1620～1690年），字庚虞，别号霖苍，直隶丰润人，顺治进士。其《博物要览》16卷，论列碑刻、字画、铜器、窑器、砚、黄金、银、珠、宝石、玉、玛瑙、珊瑚、琥珀、密腊、玻璃、水晶、玳瑁、犀角、象牙、香、漆器、奇石等的收藏与鉴赏，皆随所见而摭录成帙。因其内容广博，故在收藏学史上富有史料价值。

《享金簿》，清孔尚任著。孔尚任（1648～1718年），字聘之，又字季重，号东塘，别号岸堂，自称云亭山人，山东曲阜人，孔子后裔。他创作的昆曲名剧《桃花扇》流传于世，所作有关收藏与鉴赏的文著《享金簿》亦颇具史料价值。《享金簿》内容包括碑帖、书画、鼎彝、文房、陶瓷及杂项的收藏、流传和鉴赏，多据所见所闻而汇辑。

《频罗庵书画跋》等，清梁同书著。梁同书（1723～1815年），字元颖，号山舟，晚自署不翁、新吾长翁、

147

频罗居士，梁诗正之子，钱塘人，所居之地署频罗庵。好书法，深于鉴赏，盛名于世，其著述中论书画内容较多，如《频罗庵论书》、《频罗庵书画跋》及《频罗庵遗集》。另著有《古铜瓷器考》附于《频罗庵书画跋》之后。《古铜瓷器考》分古铜器考和古瓷器考 2 卷。蔡锡恭在该书序中说："辨证铜器向无专书，即见于著录者亦复零零。"而该书则披览记载，择取所需，亦据见闻，对古铜器及瓷器的收藏、鉴赏、辨伪及典故等议论精详，且也由于此前综论铜器、瓷器鉴赏之书极少，因而在专类收藏学史上的意义不可低估。

《前尘梦影录》，清徐康撰。徐康（1814～？年），字子晋，号窳叟，江苏吴郡（今苏州）人。徐氏博雅好古，精于金石书画，著有《窳叟墨录》等。《前尘梦影录》取清周亮工《书影》意为书名，共 2 卷，210 余则，杂论金石书画及文房四宝等，可补他书未备之处。

《金石琐碎》，清末谢堃著。谢堃，字佩禾，甘泉（今扬州）人。其家嗜好收藏，因寓目于古碑法帖及金石玉器，故精于鉴赏。作者对当时的豪贵之家和富厚之士的竞好玩好，且必欲得商周秦汉之物以为快，致使牟利之徒掘墓盗室或伪造古玩之风尚极为不满，故在自序中解释道："言琐碎者，明其非秦珪汉璞、周鼎商彝者也。……余亦未尝见古物而不爱，知非寒士所宜取，乃取富厚豪贵所弃琐屑之物，及观夫他人所藏有惬余之心者默而识之。"遂成《金玉琐碎》2 卷。该书录其所见并参以评论，内容以铜器、玉件、文具、石玩及杂项摆设为主，颇能反映一般文人雅士的收藏情趣。

《天壤阁杂记》，清王懿荣著。王懿荣（1845～1900年），清末著名收藏家，字正儒，号廉生，山东福山人。其学问渊博，精于鉴赏，凡书籍、字画、金石及甲骨，无不珍藏。1899年，在北京首先于中药中发现甲骨文字，事闻朝野。王氏常常往来于大江南北寻访所好，致使所藏丰厚。叶昌炽曾观其所藏，叹其"鉴别之精，近时收藏家无以过矣"。所著《天壤阁杂记》一卷，撰录作者于山东、陕西、四川等地所见古物、古迹，涉及金石碑刻、字画、印章、古籍等的内容颇多，不仅在收藏学史上，而且在考古学史上，均富史料价值。

能反映清代收藏与鉴赏概况并有一定史料价值的书还有两部值得介绍。其一是近人徐珂编辑的笔记集《清稗类抄》。该书分时令、地理、风俗、工艺等92个大类，约13500余篇，是采录数百种清人笔记和参考报章记载而编成。其中鉴赏类内容丰富，具体生动，既有收藏鉴赏的逸闻趣事，更不乏名家的经验之谈，只可惜所引内容均未注明出处。另一部书是《当谱》。典当业在明清两代尤其是清中期以后最为兴盛。在当物中，书画文玩、珠宝翠钻等各类古玩占有相当大的比例，故从当物的鉴别与估价中，也可侧面反映出古玩在当时社会上的价值与行情。《当谱》为当铺对当物进行鉴别和估价的主要依据，其内容相当丰富。其鉴别规则中详述辨别古玩珠宝真假的要领，以及怎样鉴别真伪及作伪的方法，同时也详列各类物品的名称、产地、特性、等次、规格与价目等。另《当谱》还具有通俗易懂、实用性强的特点，并具有强烈的商业色彩。现所能见到的《当谱》版本较多，内容大同小异。如果说其他著述所反映的基本是社会中上层人士的收藏雅文化，那么，《当谱》及各种古玩店规则所折射出的则是社会下层民众的收藏俗文化，它们同样是中国传统收藏文化中不可或缺的一部分。

民国时期将清代尤其是清中后期的收藏热进一步推向高潮，在收藏学史上又涌现出一代杰作，其中尤以邓之诚的《骨董琐记》与赵汝珍的《古玩指南》和《古董辨疑》影响最大。

《古董琐记》为有关古玩的笔记集。作者邓之诚主讲大学通史、断代史达半个世纪之久，除治学之外，他经常在街头冷摊小肆中访觅古器物，凡不详其制作，辄从笔记书或诗文集中寻找佐证，加诸考释，以补正史阙，如此积累而成书。该书分初记、续记和三记，共千余条目，证以古近人诗文集及笔记诸书达数百种，内容包括金石书画、陶瓷文玩、书籍织绣和古迹轶闻等，涉及面广，尤详于明清两代的朝章国故和收藏鉴赏逸事，且将所引书注于每条目之首或末，并间加按语，为文物考古及收藏史研究提供了可靠的史料依据。该书自问世半个多世纪以来，至今仍领誉史坛，并在国内外学术界有深远的影响。

《古玩指南》是近代第一部广泛和系统介绍古玩知识和传播古玩文化的书籍。作者赵汝珍生平嗜好古玩，与大理院少卿、收藏家余戟门有同好，受到他的赏识，后成为余戟门之婿。1939年，赵汝珍出资数千元在琉璃厂开设萃珍斋，经营瓷器、字画等古玩生意。1942年，所著《古玩指南》首编面世。余戟门为该书作序曰："夫汇论古物，前未之闻，虽事属创制，衡论未臻美备，然大辂权兴之功，为后学津梁者亦匪细矣。"赵氏在自序中称："中华民族之在今日尚能夸耀于世，尚能为世人所称道者"，唯有历代所遗留的文物。他认为"古玩可以宣达中华民族过去时代之光荣，可以增高中华民族现今国际之重视"，将古玩收藏这一文人雅士的玩好上升至社会历史文化的高度，言语中充满一腔爱国豪情。书中广泛介绍了书画、瓷器、铜器、古钱、宣炉、古铜镜、玉器、砚、古墨、古书、碑帖、名纸、砖瓦、偶像、印章、丝绣、景泰蓝、漆器、宜兴壶、珐琅、料器、法花、牙器、彩墨、笔格、竹刻、扇、木器、名石等各类古玩器物的发展源流，及其仿制、伪制、辨伪、鉴赏和价值等，并以较多篇幅揭露伪作古玩之黑幕，对了解当时古玩造伪、辨伪有极大参考价值。该书第一版印500部，未满月余即全部售完，随即再版。为弥补首编之不足，也为满足社会上好古者之需要，《古玩指南续编》于1943年问世。其体例与首编有异，按古代文字、殷墟甲骨、古代礼器、古代乐器、古琴、古代兵器、古代度量衡器、古代农器、古代石器、古代陶器、殉葬瓦器、七宝烧、印色、毛笔、古代木刻、镶嵌、古代玺印、油画、鼻烟壶、毛毯、近代特殊艺术家小传及古玩琐碎等顺序排列，内容也极充实。该书首编及续编一出版，即引起古玩行人及收藏鉴赏家的普遍关注，并不断再版，一直沿用至今。

1943 年 6 月，赵汝珍的另一部古玩考证专著《古董辨疑》完稿。该书分上、下卷，共 14 章，内容分别为古人考证之不皆可靠、法书真迹辨、古帖辨、古碑辨、古画辨、古铜鉴定辨、古钱考证辨、古镜考证辨、宣德炉谱辨、瓷器考证辨、古玉辨、古砚辨、殷墟甲骨辨、杂辨等，对古玩赏鉴研究也具有重要的参考价值。

参考书目

1. 司马迁：《史记》。

2. 胡应麟：《少室山房笔丛》，中华书局，1958。

3. 孙殿起：《琉璃厂小志》，北京古籍出版社，1982。

4. 震　钧：《天咫偶闻》，北京古籍出版社，1982。

5. 陈登原：《古今典籍聚散考》，上海书店，1983。

6. 叶梦得：《石林燕语》，中华书局，1984。

7. 徐　珂：《清稗类钞选》（著述鉴赏），书目文献出版社，1984。

8. 赵明诚：《金石录》，上海书画出版社，1985。

9. 潘永因：《宋稗类钞》，书目文献出版社，1985。

10. 陆　容：《菽园杂记》，中华书局，1985。

11. 梁启超：《中国近三百年学术史》，中国书店，1985。

12. 黄宾虹：《美术丛书》，江苏古籍出版社，1986。

13. 彭信威：《中国货币史》，上海人民出版社，1988。

14. 马承源：《中国青铜器》，上海古籍出版社，1988。

15. 房　龙：《人类的艺术》，中国文联出版公司，1989。

16. 郑逸梅：《人物与集藏》，黑龙江人民出版社，1989。

17. 史全生：《中华民国文化史》，吉林文史出版社，1990。

18. 杨仁恺：《中国书画》，上海古籍出版社，1990。

19. 杨仁恺：《国宝沉浮录》，上海人民美术出版社，1991。

20. 《敦煌文史资料选辑》（第一辑），1991。

21. 邓之诚：《骨董琐记》，中国书店，1991。

22. 郑逸梅：《艺林散叶》，中华书局，1992。

23. 赵汝珍：《古玩指南全编》，北京出版社，1992。

24. 《中国泉币学社例会记录》，上海书画出版社，1993。

25. 《古泉杂志》。

26. 《古泉学》，1936 年 6 月至 1937 年 6 月。

27. 《泉币》，1940 年 7 月至 1945 年 9 月。

28. 《收藏》，1994 ~ 1996。

《中国史话》总目录

系列名	序号	书名	作者	
物质文明系列（10种）	1	农业科技史话	李根蟠	
	2	水利史话	郭松义	
	3	蚕桑丝绸史话	刘克祥	
	4	棉麻纺织史话	刘克祥	
	5	火器史话	王育成	
	6	造纸史话	张大伟	曹江红
	7	印刷史话	罗仲辉	
	8	矿冶史话	唐际根	
	9	医学史话	朱建平	黄　健
	10	计量史话	关增建	
物化历史系列（28种）	11	长江史话	卫家雄	华林甫
	12	黄河史话	辛德勇	
	13	运河史话	付崇兰	
	14	长城史话	叶小燕	
	15	城市史话	付崇兰	
	16	七大古都史话	李遇春	陈良伟
	17	民居建筑史话	白云翔	
	18	宫殿建筑史话	杨鸿勋	
	19	故宫史话	姜舜源	
	20	园林史话	杨鸿勋	
	21	圆明园史话	吴伯娅	
	22	石窟寺史话	常　青	
	23	古塔史话	刘祚臣	

系列名	序号	书　名	作　者	
物化历史系列（28种）	24	寺观史话	陈可畏	
	25	陵寝史话	刘庆柱	李毓芳
	26	敦煌史话	杨宝玉	
	27	孔庙史话	曲英杰	
	28	甲骨文史话	张利军	
	29	金文史话	杜　勇	周宝宏
	30	石器史话	李宗山	
	31	石刻史话	赵　超	
	32	古玉史话	卢兆荫	
	33	青铜器史话	曹淑芹	殷玮璋
	34	简牍史话	王子今	赵宠亮
	35	陶瓷史话	谢端琚	马文宽
	36	玻璃器史话	安家瑶	
	37	家具史话	李宗山	
	38	文房四宝史话	李雪梅	安久亮
制度、名物与史事沿革系列（20种）	39	中国早期国家史话	王　和	
	40	中华民族史话	陈琳国	陈　群
	41	官制史话	谢保成	
	42	宰相史话	刘晖春	
	43	监察史话	王　正	
	44	科举史话	李尚英	
	45	状元史话	宋元强	
	46	学校史话	樊克政	
	47	书院史话	樊克政	
	48	赋役制度史话	徐东升	
	49	军制史话	刘昭祥	王晓卫

系列名	序号	书名	作者
制度、名物与史事沿革系列（20种）	50	兵器史话	杨毅 杨泓
	51	名战史话	黄朴民
	52	屯田史话	张印栋
	53	商业史话	吴慧
	54	货币史话	刘精诚 李祖德
	55	宫廷政治史话	任士英
	56	变法史话	王子今
	57	和亲史话	宋超
	58	海疆开发史话	安京
交通与交流系列（13种）	59	丝绸之路史话	孟凡人
	60	海上丝路史话	杜瑜
	61	漕运史话	江太新 苏金玉
	62	驿道史话	王子今
	63	旅行史话	黄石林
	64	航海史话	王杰 李宝民 王莉
	65	交通工具史话	郑若葵
	66	中西交流史话	张国刚
	67	满汉文化交流史话	定宜庄
	68	汉藏文化交流史话	刘忠
	69	蒙藏文化交流史话	丁守璞 杨恩洪
	70	中日文化交流史话	冯佐哲
	71	中国阿拉伯文化交流史话	宋岘

系列名	序号	书名	作者
思想学术系列（21种）	72	文明起源史话	杜金鹏　焦天龙
	73	汉字史话	郭小武
	74	天文学史话	冯时
	75	地理学史话	杜瑜
	76	儒家史话	孙开泰
	77	法家史话	孙开泰
	78	兵家史话	王晓卫
	79	玄学史话	张齐明
	80	道教史话	王卡
	81	佛教史话	魏道儒
	82	中国基督教史话	王美秀
	83	民间信仰史话	侯杰
	84	训诂学史话	周信炎
	85	帛书史话	陈松长
	86	四书五经史话	黄鸿春
	87	史学史话	谢保成
	88	哲学史话	谷方
	89	方志史话	卫家雄
	90	考古学史话	朱乃诚
	91	物理学史话	王冰
	92	地图史话	朱玲玲
文学艺术系列（8种）	93	书法史话	朱守道
	94	绘画史话	李福顺
	95	诗歌史话	陶文鹏
	96	散文史话	郑永晓
	97	音韵史话	张惠英
	98	戏曲史话	王卫民
	99	小说史话	周中明　吴家荣
	100	杂技史话	崔乐泉

系列名	序号	书名	作者
社会风俗系列（13种）	101	宗族史话	冯尔康　阎爱民
	102	家庭史话	张国刚
	103	婚姻史话	张　涛　项永琴
	104	礼俗史话	王贵民
	105	节俗史话	韩养民　郭兴文
	106	饮食史话	王仁湘
	107	饮茶史话	王仁湘　杨焕新
	108	饮酒史话	袁立泽
	109	服饰史话	赵连赏
	110	体育史话	崔乐泉
	111	养生史话	罗时铭
	112	收藏史话	李雪梅
	113	丧葬史话	张捷夫
近代政治史系列（28种）	114	鸦片战争史话	朱谐汉
	115	太平天国史话	张远鹏
	116	洋务运动史话	丁贤俊
	117	甲午战争史话	寇　伟
	118	戊戌维新运动史话	刘悦斌
	119	义和团史话	卞修跃
	120	辛亥革命史话	张海鹏　邓红洲
	121	五四运动史话	常丕军
	122	北洋政府史话	潘　荣　魏又行
	123	国民政府史话	郑则民
	124	十年内战史话	贾　维
	125	中华苏维埃史话	杨丽琼　刘　强
	126	西安事变史话	李义彬
	127	抗日战争史话	荣维木

系列名	序号	书名	作者	
近代政治史系列（28种）	128	陕甘宁边区政府史话	刘东社	刘全娥
	129	解放战争史话	朱宗震	汪朝光
	130	革命根据地史话	马洪武	王明生
	131	中国人民解放军史话	荣维木	
	132	宪政史话	徐辉琪	付建成
	133	工人运动史话	唐玉良	高爱娣
	134	农民运动史话	方之光	龚云
	135	青年运动史话	郭贵儒	
	136	妇女运动史话	刘红	刘光永
	137	土地改革史话	董志凯	陈廷煊
	138	买办史话	潘君祥	顾柏荣
	139	四大家族史话	江绍贞	
	140	汪伪政权史话	闻少华	
	141	伪满洲国史话	齐福霖	
近代经济生活系列（17种）	142	人口史话	姜涛	
	143	禁烟史话	王宏斌	
	144	海关史话	陈霞飞	蔡渭洲
	145	铁路史话	龚云	
	146	矿业史话	纪辛	
	147	航运史话	张后铨	
	148	邮政史话	修晓波	
	149	金融史话	陈争平	
	150	通货膨胀史话	郑起东	
	151	外债史话	陈争平	
	152	商会史话	虞和平	
	153	农业改进史话	章楷	
	154	民族工业发展史话	徐建生	
	155	灾荒史话	刘仰东	夏明方
	156	流民史话	池子华	
	157	秘密社会史话	刘才赋	
	158	旗人史话	刘小萌	

系列名	序号	书名	作者
近代中外关系系列（13种）	159	西洋器物传入中国史话	隋元芬
	160	中外不平等条约史话	李育民
	161	开埠史话	杜语
	162	教案史话	夏春涛
	163	中英关系史话	孙庆
	164	中法关系史话	葛夫平
	165	中德关系史话	杜继东
	166	中日关系史话	王建朗
	167	中美关系史话	陶文钊
	168	中俄关系史话	薛衔天
	169	中苏关系史话	黄纪莲
	170	华侨史话	陈民　任贵祥
	171	华工史话	董丛林
近代精神文化系列（18种）	172	政治思想史话	朱志敏
	173	伦理道德史话	马勇
	174	启蒙思潮史话	彭平一
	175	三民主义史话	贺渊
	176	社会主义思潮史话	张武　张艳国　喻承久
	177	无政府主义思潮史话	汤庭芬
	178	教育史话	朱从兵
	179	大学史话	金以林
	180	留学史话	刘志强　张学继
	181	法制史话	李力
	182	报刊史话	李仲明
	183	出版史话	刘俐娜

系列名	序号	书 名	作 者
近代精神文化系列（18种）	184	科学技术史话	姜 超
	185	翻译史话	王晓丹
	186	美术史话	龚产兴
	187	音乐史话	梁茂春
	188	电影史话	孙立峰
	189	话剧史话	梁淑安
近代区域文化系列（一一种）	190	北京史话	果鸿孝
	191	上海史话	马学强　宋钻友
	192	天津史话	罗澍伟
	193	广州史话	张 苹　张 磊
	194	武汉史话	皮明庥　郑自来
	195	重庆史话	隗瀛涛　沈松平
	196	新疆史话	王建民
	197	西藏史话	徐志民
	198	香港史话	刘蜀永
	199	澳门史话	邓开颂　陆晓敏　杨仁飞
	200	台湾史话	程朝云

《中国史话》主要编辑
出版发行人

总　策　划　谢寿光　　王　正

执行策划　杨　群　　徐思彦　　宋月华

　　　　　　　梁艳玲　　刘晖春　　张国春

统　　筹　黄　丹　　宋淑洁

设计总监　孙元明

市场推广　蔡继辉　　刘德顺　　李丽丽

责任印制　岳　阳